Almanach Provençal 2004

Nathalie Mouriès

Illustrations Charlotte Gastaut

ÉDITIONS JEANNE LAFFITTE

CALENDRIER 2004

Janvier

1	J	**JOUR DE L'AN**
2	V	S. Basile
3	S	Sᵉ Geneviève
4	D	**Épiphanie**
5	L	S. Édouard
6	M	S. Mélaine
7	M	S. Raymond ◯
8	J	S. Lucien
9	V	Sᵉ Alix
10	S	S. Guillaume
11	D	S. Paulin
12	L	Sᵉ Tatiana
13	M	Sᵉ Yvette
14	M	Sᵉ Nina
15	J	S. Rémi ☾
16	V	S. Marcel
17	S	Sᵉ Roseline
18	D	Sᵉ Prisca
19	L	S. Marius
20	M	S. Sébastien
21	M	Sᵉ Agnès ●
22	J	S. Vincent
23	V	S. Barnard
24	S	S. François de Sales
25	D	Conv. de S. Paul
26	L	Sᵉ Paule
27	M	Sᵉ Angèle
28	M	S. Thomas d'Aquin
29	J	S. Gildas ☽
30	V	Sᵉ Martine
31	S	Sᵉ Marcelle

Février

1	D	Sᵉ Ella
2	L	Prés. du Seigneur
3	M	S. Blaise
4	M	Sᵉ Véronique
5	J	Sᵉ Agathe
6	V	S. Gaston ◯
7	S	Sᵉ Eugénie
8	D	Sᵉ Jacqueline
9	L	Sᵉ Apolline
10	M	S. Arnaud
11	M	N.-D. de Lourdes
12	J	Sᵉ Félix
13	V	Sᵉ Béatrice ☾
14	S	S. Valentin
15	D	S. Claude
16	L	Sᵉ Julienne
17	M	S. Alexis
18	M	Sᵉ Bernadette
19	J	S. Gabin
20	V	Sᵉ Aimée ●
21	S	S. Pierre Damien
22	D	Sᵉ Isabelle
23	L	S. Lazare
24	M	**Mardi-Gras**
25	M	**Cendres**
26	J	S. Nestor
27	V	Sᵉ Honorine
28	S	S. Romain ☽
29	D	**Carême**

Mars

1	L	S. Aubin
2	M	S. Charles le Bon
3	M	S. Guénolé
4	J	S. Casimir
5	V	S. Olive
6	S	Sᵉ Colette ◯
7	D	F. **des Grands-Mères**
8	L	S. Jean de Dieu
9	M	Sᵉ Françoise
10	M	S. Vivien
11	J	Sᵉ Rosine
12	V	Sᵉ Justine
13	S	S. Rodrigue ☾
14	D	Sᵉ Mathilde
15	L	Sᵉ Louise
16	M	Sᵉ Bénédicte
17	M	S. Patrice, S. Patrick
18	J	**Mi-Carême**
19	V	S. Joseph
20	S	S. Herbert - **Print.** ●
21	D	Sᵉ Clémence
22	L	Sᵉ Léa
23	M	S. Victorien
24	M	Sᵉ Catherine de Suède
25	J	**Annonciation**
26	V	Sᵉ Larissa
27	S	S. Habib
28	D	S. Gontran ☽
29	L	Sᵉ Gwladys
30	M	Sᵉ Amédée
31	M	S. Benjamin

Avril

1	J	S. Hugues
2	V	Sᵉ Sandrine
3	S	S. Richard
4	D	**Rameaux**
5	L	Sᵉ Irène ◯
6	M	S. Marcellin
7	M	S. Jean-Baptiste de la S.
8	J	Sᵉ Julie
9	V	**Vendredi Saint**
10	S	S. Fulbert
11	D	**Pâques**
12	L	**Lundi de Pâques** ☾
13	M	Sᵉ Ida
14	M	S. Maxime
15	J	S. Paterne
16	V	S. Benoît-Joseph
17	S	S. Étienne H.
18	D	S. Parfait
19	L	Sᵉ Emma ●
20	M	Sᵉ Odette
21	M	S. Anselme
22	J	S. Alexandre
23	V	S. Georges
24	S	S. Fidèle
25	D	Souv. des Déportés
26	L	Sᵉ Alida
27	M	Sᵉ Zita ☽
28	M	Sᵉ Valérie
29	J	Sᵉ Catherine de Sienne
30	V	S. Robert

Mai

1	S	**Fête du travail**
2	D	S. Boris
3	L	S. Philippe, S. Jacques
4	M	S. Sylvain ◯
5	M	Sᵉ Judith
6	J	Sᵉ Prudence
7	V	Sᵉ Gisèle
8	S	**Victoire 1945**
9	D	**Fête de Jeanne d'Arc**
10	L	Sᵉ Solange
11	M	Sᵉ Estelle ☾
12	M	S. Achille
13	J	Sᵉ Rolande
14	V	S. Matthias
15	S	Sᵉ Denise
16	D	S. Honoré
17	L	S. Pascal
18	M	Sᵉ Éric
19	M	S. Yves ●
20	J	**Ascension**
21	V	S. Constantin
22	S	Sᵉ Émile
23	D	S. Didier
24	L	S. Donatien
25	M	Sᵉ Sophie
26	M	S. Bérenger
27	J	S. Augustin de C. ☽
28	V	S. Germain
29	S	S. Aymar
30	D	**Pentecôte**
31	L	**Lundi de Pentecôte**

Juin

1	M	S. Justin
2	M	Sᵉ Blandine
3	J	S Kévin ◯
4	V	Sᵉ Clotilde
5	S	S. Igor
6	D	**Trinité - F. des Mères**
7	L	S. Gilbert
8	M	S. Médard
9	M	Sᵉ Diane ☾
10	J	S. Landry
11	V	S. Barnabé
12	S	S. Guy
13	D	**Fête-Dieu**
14	L	Sᵉ Élisée
15	M	Sᵉ Germaine
16	M	S. J.-F. Régis
17	J	S. Hervé ●
18	V	S. Léonce
19	S	S. Romuald
20	D	**Fête des Pères**
21	L	S. Rodolphe - **Été**
22	M	S. Alban
23	M	Sᵉ Audrey
24	J	S. Jean-Baptiste
25	V	S. Prosper ☽
26	S	S. Anthelme
27	D	S. Fernand
28	L	Sᵉ Irénée
29	M	S. Pierre, S. Paul
30	M	S. Martial

Les indications lunaires sont données en Temps Universel (U.T.)
Premier quartier ☽ Pleine lune ◯ Dernier quartier ☾ Nouvelle lune ●

CALENDRIER 2004

Juillet
1 J   S. Thierry
2 V   S. Martinien
3 S   S. Thomas
4 D   S. Florent
5 L   S. Antoine-Marie
6 M   Sᵉ Mariette
7 M   S. Raoul
8 J   S. Thibaut
9 V   Sᵉ Amandine
10 S   S. Ulrich
11 D   S. Benoît
12 L   S. Olivier
13 M   S. Henri, S. Joël
14 M   **Fête Nationale**
15 J   S. Donald
16 V   N.-D. Mont-Carmel
17 S   Sᵉ Charlotte
18 D   S. Frédéric
19 L   S. Arsène
20 M   Sᵉ Marina
21 M   S. Victor
22 J   Sᵉ Marie-Madeleine
23 V   Sᵉ Brigitte
24 S   Sᵉ Christine
25 D   S. Jacques le M.
26 L   Sᵉ Anne
27 M   Sᵉ Nathalie
28 M   S. Samson
29 J   Sᵉ Marthe
30 V   Sᵉ Juliette
31 S   S. Ignace de L.

Août
1 D   S. Alphonse
2 L   S. Julien Eymard
3 M   Sᵉ Lydie
4 M   S. J.-M. Vianney
5 J   S. Abel
6 V   **Transfiguration**
7 S   S. Gaétan
8 D   S. Dominique
9 L   S. Amour
10 M   S. Laurent
11 M   Sᵉ Claire
12 J   Sᵉ Clarisse
13 V   S. Hippolyte
14 S   S. Évrard
15 D   **Assomption**
16 L   S. Armel
17 M   S. Hyacinthe
18 M   Sᵉ Hélène
19 J   S. Jean Eudes
20 V   S. Bernard
21 S   S. Christophe
22 D   S. Fabrice
23 L   Sᵉ Rose de Lima
24 M   S. Barthélemy
25 M   S. Louis
26 J   Sᵉ Natacha
27 V   Sᵉ Monique
28 S   S. Augustin
29 D   Sᵉ Sabine
30 L   S. Fiacre
31 M   S. Aristide

Septembre
1 M   S. Gilles
2 J   Sᵉ Ingrid
3 V   S. Grégoire
4 S   Sᵉ Rosalie
5 D   Sᵉ Raïssa
6 L   S. Bertrand
7 M   Sᵉ Reine
8 M   **Nativité Sᵉ Vierge**
9 J   S. Alain
10 V   Sᵉ Inès
11 S   S. Adelphe
12 D   S. Apollinaire
13 L   S. Aimé
14 M   **La Sainte Croix**
15 M   S. Roland
16 J   Sᵉ Édith
17 V   S. Renaud
18 S   Sᵉ Nadège
19 D   Sᵉ Émilie
20 L   S. Davy
21 M   S. Matthieu
22 M   S. Maurice - **Automne**
23 J   S. Constant
24 V   Sᵉ Thècle
25 S   S. Hermann
26 D   S. Côme
27 L   S. Vincent de Paul
28 M   S. Venceslas
29 M   S. Michel
30 J   S. Jérôme

Octobre
1 V   Sᵉ Thérèse de Lisieux
2 S   S. Léger
3 D   S. Gérard
4 L   S. François d'Assise
5 M   Sᵉ Fleur
6 M   S. Bruno
7 J   S. Serge
8 V   Sᵉ Pélagie
9 S   S. Denis
10 D   S. Ghislain
11 L   S. Firmin
12 M   S. Wilfried
13 M   S. Géraud
14 J   S. Juste
15 V   Sᵉ Thérèse d'Avila
16 S   Sᵉ Edwige, S. Gaël
17 D   S. Baudouin
18 L   S. Luc
19 M   S. René
20 M   Sᵉ Adeline
21 J   Sᵉ Céline
22 V   Sᵉ Élodie
23 S   S. Jean de C.
24 D   S. Florentin
25 L   S. Crépin, Sᵉ Doria
26 M   S. Dimitri
27 M   Sᵉ Émeline
28 J   S. Simon
29 V   S. Narcisse
30 S   Sᵉ Bienvenue
31 D   S. Quentin

Novembre
1 L   **Toussaint**
2 M   **Défunts**
3 M   S. Hubert
4 J   S. Charles
5 V   Sᵉ Sylvie
6 S   Sᵉ Bertille
7 D   Sᵉ Carine
8 L   S. Geoffroy
9 M   S. Théodore
10 M   S. Léon
11 J   **Armistice 1918**
12 V   S. Christian
13 S   S. Brice
14 D   S. Sidoine
15 L   S. Albert
16 M   Sᵉ Marguerite
17 M   Sᵉ Élisabeth
18 J   Sᵉ Aude
19 V   S. Tanguy
20 S   S. Edmond
21 D   **Présentation Sᵉ Vierge**
22 L   Sᵉ Cécile
23 M   S. Clément
24 M   Sᵉ Flora
25 J   Sᵉ Catherine
26 V   Sᵉ Delphine
27 S   S. Séverin
28 D   **Avent**
29 L   S. Saturnin
30 M   S. André

Décembre
1 M   Sᵉ Florence
2 J   Sᵉ Viviane
3 V   S. François-Xavier
4 S   Sᵉ Barbara
5 D   S. Gérald
6 L   S. Nicolas
7 M   S. Ambroise
8 M   **Immaculée Conc.**
9 J   S. Pierre-Fourier
10 V   S. Romaric
11 S   S. Daniel
12 D   Sᵉ Jeanne F.
13 L   Sᵉ Lucie
14 M   Sᵉ Odile
15 M   Sᵉ Ninon
16 J   Sᵉ Alice
17 V   S. Judicaël
18 S   S. Gatien
19 D   S. Urbain
20 L   S. Abraham
21 M   S. Pierre C. - **Hiver**
22 M   Sᵉ Françoise-Xavière
23 J   S. Armand
24 V   Sᵉ Adèle
25 S   **Noël**
26 D   S. Étienne
27 L   S. Jean l'Apôtre
28 M   S. Innocents
29 M   S. David
30 J   S. Roger
31 V   S. Sylvestre

Décembre 2003 — Janvier 2004

Jour de l'An

A l'an que ven !
E, se sian pas maï, sieguen pas men!
À l'an qui vient !
Et, si nous ne sommes pas davantage,
ne soyons pas moins !

Cuisine

Aïgo boulido
Après les agapes du réveillon, on déguste traditionnellement en Provence *l'aïgo boulido* (textuellement eau bouillie), une soupe à l'ail, l'ail étant connu pour ses vertus digestives.
Pour 6 personnes :
2 litres d'eau, 6 gousses d'ail, 1 jaune d'œuf,
4 feuilles de sauge, 1 feuille de laurier,
1 branchette de thym, huile d'olive, sel,
poivre, 6 tranches de pain.

Dans une casserole, mettre les 2 litres d'eau, les gousses d'ail épluchées et écrasées, les feuilles de sauge, de laurier, le thym, saler, poivrer. Porter à ébullition et laisser cuire à petits bouillons pendant 15 à 20 minutes. Retirer les herbes et lier le bouillon avec un jaune d'œuf. Disposer les tranches de pain dans les assiettes à soupe, les arroser d'huile d'olive puis verser le bouillon dessus.

Rois Mages

Qui étaient les Rois Mages ? Des savants et des astrologues, qui, en étudiant le ciel et en observant la conjonction de Saturne et de Jupiter décidèrent d'entreprendre ce long voyage jusqu'en Palestine, guidés par les étoiles, pour venir rendre hommage et se prosterner devant l'Enfant Jésus, le roi des Juifs annoncé par les Saintes Écritures.

Épiphanie

Le jour de l'Épiphanie, on rajoute les trois Rois Mages à la crèche. On s'assemble en famille autour du gâteau des Rois, *lou reiaume*, brioche dorée garnie de grains de sucre et de fruits confits, dans lequel *uno favo* (une fève) a été cachée. Celui qui la trouvera dans son morceau sera *loù rèi de la favo* (le roi de la fève) et devra offrir dans les jours suivants un autre gâteau. Le choix du 6 janvier (aujourd'hui le dimanche le plus proche du 6 janvier) commémore l'arrivée des Rois devant la crèche où repose l'Enfant-Jésus. Ce jour marque aussi la fin du cycle des 12 jours au cours desquels les Anciens se livraient à des jeux divinatoires qui leur permettaient de tirer les augures pour la nouvelle année. La tradition du gâteau des Rois paraît antérieure au christianisme.
La présence de la fève s'explique par le fait que les Provençaux, comme les Grecs autrefois, se servaient de fèves pour exprimer leur vote dans les délibérations.
Estre fava, avoir la fève, signifie avoir de la chance, être heureux.
On avait coutume naguère, d'allumer de grands feux de joie le jour de l'Épiphanie en signe de joie et de purification.

Truc

Mettre quelques brins de sarriette dans des sachets de tissus à placer dans vos armoires pour chasser les mites.

Décembre 2003   Janvier 2004

Lundi
29
Saint David

Mardi
30
Saint Roger

Mercredi
31
Saint Sylvestre

Jeudi
1
Jour de l'An - Sainte Marie

Vendredi
2
Saint Basile

Samedi
3
Sainte Geneviève

Dimanche
4
Épiphanie - Saint Odilon

Janvier

Jardin

Janvier
*Janvié de plueio chiche
Fai lou païsan riche.*
Janvier de pluie chiche
Fait le paysan riche.

Protéger avec des paillons ou des voiles d'hivernage les plantes fragiles. Rentrer sous serre les jacinthes, tulipes et pieds de muguet.
Labourer les parterres et les massifs d'arbustes.
Si la terre n'est pas gelée, planter les anémones, les pâquerettes et les pensées qui égaieront le jardin l'hiver. Semer sous abri les pieds d'alouette, les pois vivaces, les pois de senteur.
Rabattre les chrysanthèmes défleuris et les placer sous abri. Cueillir les délicates violettes.
Tailler et nettoyer les rosiers et les arbustes. Élaguer les grands arbres.
Compléter la collection de livres sur les jardins et commander sur catalogue les rosiers à remplacer.

Truc

Avant un repas copieux, mâcher une ou deux feuilles de sauge. La sauge en effet, facilite la digestion. En Provence, on barde de feuilles de sauge les rôtis de porc pour les rendre plus digestes.

Chat

Jamaï catoun a pouerta rato a sa mèra.
Jamais petit chat n'a porté rat à sa mère. (Ce ne sont pas les enfants qui nourrissent les parents).

Histoire

Bâtie par les Marseillais, en mémoire d'une victoire sur les Liguriens, Nice fut ensuite achetée par les Romains qui en firent leur arsenal maritime des Gaules, avant de le porter à Fréjus, sous Auguste. Capitale d'un comté au XIIe siècle, elle dépendit de la maison de Savoie de 1388 à 1538. Charles Quint l'occupa et y signa, en 1530, une trêve avec François Ier, sous la médiation de Paul III. Elle fut assiégée par les Turcs en 1543, prise en 1691 par Catinat, en 1706 par Berwick, et encore par les Français en 1792. Elle devint alors le chef-lieu des Alpes-Maritimes jusqu'en 1814, date à laquelle elle fit retour aux États sardes. Après les événements qui suivirent la guerre d'Italie de 1859, Napoléon III réclama du roi Victor-Emmanuel la cession de la Savoie et de l'arrondissement de Nice. En vertu d'un traité conclu entre les deux souverains, les populations intéressées furent appelées à exprimer leur sentiment sur ce changement de domination. Le nombre des votants inscrits dans l'arrondissement de Nice était de 30 706 ; 25 933 furent favorables à l'annexion. En conséquence, l'ancien comté de Nice auquel a été réuni l'arrondissement de Grasse, distrait du Var, devint le nouveau département français des Alpes-Maritimes, et Nice en est le chef-lieu depuis le mois de juillet 1864. (*L'Illustration*, 1880.)

Vent

En Provence le vent dominant est le mistral, *lou mistrau*.
Il y a plusieurs sortes de mistral :
Le *mistralas* impétueux et violent, c'est un *rauba-capèu* (un enlève-chapeau).
Le *mistralado* qui souffle en bourrasque.
Le *mistralet*, un petit mistral modéré.
Le *pounènt-mistrau*, plutôt un vent d'ouest, entre le ponant et le mistral.
La *broufouniè de mistrau* : la "brafougne" de mistral, la tempête.

Janvier

Lundi 5
Saint Édouard

Mardi 6
Saint Mélaine

Mercredi 7
Saint Raymond

Jeudi 8
Saint Lucien

Vendredi 9
Sainte Alix

Samedi 10
Saint Guillaume

Dimanche 11
Saint Paulin

Janvier

Danse des Tripettes

À Barjols a lieu tous les ans, aux alentours du 16 janvier, la danse des Tripettes en l'honneur du saint-patron de la ville, saint Marcel. "Au matin, fifres et tambourins mélangeant leurs notes aiguës et leurs roulements graves, parcourent la ville ; ils font des aubades au Capitaine de Ville. L'après-midi, un bœuf tout enrubanné, conduit par deux solides Barjolais, escorté des bouchers et des gardians de Camargue montés sur leurs petits chevaux fringants, est promené à travers les rues de la ville. Sur la place de l'église, le cortège s'arrête ; le clergé s'avance, bénit les armes puis au son assourdissant des tromblons, bénit le bœuf.
À la nuit tombée, tout le peuple se presse vers la Collégiale où sont célébrées les Complies suivies de la danse des Tripettes et les danseurs sautent, sautent, infatigables.
Le lendemain, 17 janvier, a lieu la messe de Saint-Marcel au cours de laquelle il est fait une allocution en provençal. Pour terminer la cérémonie, tout le monde danse au son de la musique. Le buste du saint est promené dans toute la ville, puis, le bœuf (tué la veille) est transporté sur un char fleuri jusqu'à l'esplanade de la Rouguière et embroché. Marmitons et bouchers lardent et salent vigoureusement la bête qui va rôtir jusqu'au soir, tandis que gardians et troupes folkloriques font leurs jeux et leurs danses."
(D'après M. Fabre).

Foudre

Pour se protéger de la foudre, on se met sous la protection de saint Antoine qui se fête le 17 janvier.
Grand sant Antoni,
Engardas-nous dou tron e dou demoni.
Grand saint Antoine,
Protège-nous de la foudre et du démon.

Cuisine

Lotte au fenouil
Pour 6 personnes :
1,2 kg de lotte coupée en tranches, 1 kg de bulbes de fenouil, 200 g de carottes, 3 oignons, huile d'olive, 1/2 verre de vin blanc, sel, poivre.

Éplucher les légumes, couper les carottes en rondelles, les fenouils en lamelles, émincer les oignons. Faire chauffer l'huile d'olive dans une cocotte, ajouter les tranches de lotte et les faire revenir à feu vif. Les retirer et les déposer sur du papier absorbant. À la place mettre les légumes avec 1/2 verre d'eau chaude et laisser cuire 15 min. Ajouter le vin blanc, saler, poivrer et bien mélanger. Disposer les tranches de lotte sur les légumes, couvrir et laisser cuire encore 25 min.

Roi

Ratonneau est une des îles fermant la rade de Marseille. Elle fut un temps nommée île de Saint-Étienne, du nom de la chapelle qui y fut élevée au XIIe siècle. On raconte aussi qu'elle fut le siège d'une royauté. En 1765, un soldat en garnison dans l'île fut pris de folie et s'imagina qu'il était le roi de l'îlot. Pour le défendre, il tira sur ses camarades qui pêchaient paisiblement sur les rochers. Mais sa royauté fut éphémère puisqu'elle ne dura que quarante-huit heures !

Date

16 janvier : fête de la Saint-Marcel et des Tripettes à Barjols.

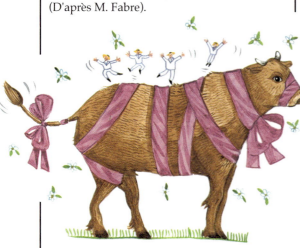

Janvier

Lundi 12
Sainte Tatiana

Mardi 13
Sainte Yvette

Mercredi 14
Sainte Nina

Jeudi 15
Saint Rémi

Vendredi 16
Saint Marcel

Samedi 17
Sainte Roseline

Dimanche 18
Sainte Prisca

Janvier

Vignerons

Le 22 janvier, c'est la Saint-Vincent, patron des vignerons.
On dit :
*Per Sant-Vincens
Lou fre cousent
Tout jalo o tout fend.*
Pour la Saint-Vincent
Le froid est cuisant,
Tout gèle ou tout fend.

Bibliothèque

Au XVIIIe siècle, la vie culturelle d'Aix-en-Provence est en plein épanouissement : les salons littéraires se développent, des sociétés de lettres se constituent, des bibliothèques se créent. Le marquis de Méjanes, maire-consul d'Aix en 1777, vit frugalement pour pouvoir acheter des livres. Il constitue ainsi une bibliothèque de 80 000 volumes qu'il léguera à sa province de Provence "sous condition d'en tenir une bibliothèque ouverte en la ville d'Aix". Cette bibliothèque est devenue l'une des bibliothèques municipales les plus importantes de France.

Truc

Les tiges des violettes une fois coupées n'absorbent plus d'eau. Pour prolonger la durée de vie de ces fleurs délicates, les vaporiser une fois par jour avec de l'eau (de source de préférence).

Truc

Pour enlever les dépôts de calcaire au fond des carafes en verre ou en cristal, mettre du vinaigre blanc dilué avec de l'eau et laisser tremper toute la nuit. Elles retrouveront ainsi toute leur transparence. Si toutefois les dépôts de calcaire sont très importants, rajouter une poignée de gros sel à la solution eau-vinaigre.

Littérature

"Maintenant voici les remparts d'Arles (…). À cette heure, il n'y a encore personne dehors. Le quai du Rhône seul est animé. Le bateau à vapeur qui fait le service de la Camargue chauffe au bas des marches, prêt à partir. Des ménagers en veste de cadis roux, des filles de La Roquette qui vont se louer pour des travaux de fermes montent sur le pont avec nous, causant et riant entre eux. Sous les longues mantes brunes, rabattues à cause de l'air vif du matin, la haute coiffure arlésienne fait la tête élégante et petite avec un joli grain d'effronterie, une envie de se dresser pour lancer le rire ou la malice plus loin…
La cloche sonne ; nous partons. "
(A. Daudet, *Lettres de mon moulin*, 1869)

Dire

Bouan Jesus, fes mi bèn grand e bèn sage.
Bon Jésus, fais-moi bien grand et bien sage,
disait jadis la maman pour son bébé,
en le signant, après l'avoir emmailloté.

Violettes

Au XIXe siècle, Hyères était renommée pour ses violettes. On dit que c'était la fleur préférée de la reine Victoria d'Angleterre qui en avait lancé la mode lors de sa visite dans la ville en 1892. La cueillette des violettes faisait travailler tout un petit monde :
les ramasseuses qui travaillaient dix heures par jour car il fallait environ 4 000 fleurs pour faire un kilo, les vanniers qui tressaient les paniers et les corbeilles en osier, les vendeuses des rues qui proposaient leurs jolis bouquets entourés d'un ruban violet.

Janvier

Lundi
19
Saint Marius

Mardi
20
Saint Sébastien

Mercredi
21
Sainte Agnès

Jeudi
22
Saint Vincent

Vendredi
23
Saint Barnard

Samedi
24
Saint François de Sales

Dimanche
25
Conversion de Saint Paul - Saint Apollos

Janvier   Février

Herbes

Au XVIIIe siècle, on constatait "Il y a des cuisiniers assez habiles pour employer avec tant d'art le basilic, le thym, le laurier, le serpolet, la sarriette et nos autres herbes aromatiques que les mets qu'ils préparent avec ces assaisonnements sont aussi agréables au goût que s'ils employaient les épices des pays étrangers."

Jardin

Février
Quand pèr Nosto-Damo lou soulèu se lèvo brihan
Fai mai de frech après qu'avant.

Quand le soleil brille pour Notre-Dame (Notre-Dame du Feu nouveau le 2 février) Il fera plus froid après qu'avant.

Attention au froid

Le soleil brille et commence à réchauffer l'atmosphère, mais la terre est très froide. Attendre encore avant de commencer les plantations de printemps. Profiter de cette période calme pour nettoyer et graisser les outils et remplacer ceux qui sont abîmés. Sarcler, rajouter du terreau, remplacer les arbustes tels les lilas, les fusains, les lauriers-roses.
Semer sous châssis les pois de senteur, les pieds d'alouette, les capucines.
Tailler les haies de buis et de fusains.
Tailler les rosiers en place en supprimant les branches intérieures inutiles.
Bêcher le sol autour des rosiers.
À la fin du mois, planter les variétés de rosiers rustiques et vigoureux. Détruire les mousses des gazons.
Transplanter les plantes vivaces.
Greffer, faire des boutures. Planter les arbres fruitiers.
oyaient les épices des pays étrangers."

Peintre

Le peintre norvégien Edvard Munch reste à Nice de 1891 à 1892 pour travailler. À la fin de son séjour des problèmes d'argent (dus à des pertes au jeu) s'ajoutent à sa grande anxiété et augmentent encore son angoisse existentielle. Il écrit dans son journal :
"Je me promenais avec deux amis, le soleil se couchait. J'éprouvais comme une bouffée de mélancolie. Soudain le ciel s'enflamma d'un rouge sang. Je m'arrêtais, appuyé à la balustrade, las à en mourir, regardai les nuées qui flamboyaient comme du sang et des épées au-dessus du fjord d'un bleu sombre et de la ville. Mes amis s'éloignèrent, je restai tremblant d'angoisse et je perçus comme un long cri sans fin traversant la nature."
(E. Munch, 22 janvier 1892.) C'est cette vision impressionnante qui serait à l'origine de son célèbre tableau le *Cri*.

Saint Thomas

On conseillait autrefois de cuire son pain et de laver ses draps à la Saint-Thomas (28 janvier) :
Pèr Sant-Toumas,
Coui toun pan, lavo ti drap.

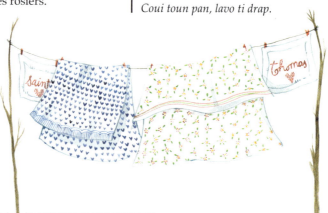

Janvier   Février

Lundi
26
Sainte Paule

Mardi
27
Sainte Angèle

Mercredi
28
Saint Thomas d'Aquin

Jeudi
29
Saint Gildas

Vendredi
30
Sainte Martine

Samedi
31
Sainte Marcelle

Dimanche
1
Sainte Ella

Février

Chandeleur

Le jour de la Chandeleur (2 février), on défait, un peu tristement, la crèche et l'on range soigneusement les santons dans leur boîte en carton. À Marseille, on va à l'abbaye de Saint-Victor, qui domine le Vieux-Port, pour assister à la procession de la Vierge Noire, statue de bois d'olivier noircie (que l'on appelle *Nosto-Damo doou fue nou*, Notre-Dame du Feu nouveau), et à la bénédiction des cierges verts qui protégeront les maisons de la foudre et qui symbolisent la lumière de la foi éclairant le monde. Après la messe, l'abbé sort sur le parvis pour bénir la cité et la mer, avant de se rendre en cortège au Four des Navettes, créé en 1782, pour bénir ces délicieux biscuits en forme de barquettes que les Marseillais s'empressent d'acheter. Autrefois vendues seulement du 2 février au 15 mars, les navettes sont aujourd'hui en vente toute l'année pour le régal des petits et des grands.

Truc

Pour atténuer les taches de rousseur, cueillir une poignée de fleurs de pissenlit, les faire bouillir dans un litre d'eau pendant une demi-heure. Filtrer à travers un linge fin, laisser refroidir et appliquer cette lotion sur le visage matin et soir.

Cuisine

Compote pommes-poires
Pour 6 personnes :
1 kg de pommes reinettes, 3 poires bien mûres, 100 g d'écorce d'orange.

Émincer finement l'écorce d'orange. Éplucher les pommes et les poires, les couper en tranches et les mettre dans une casserole avec l'écorce d'orange. Cuire à feu doux une heure environ en remuant régulièrement avec une cuillère en bois. Lorsque la compote est cuite, la verser dans un compotier. Cette compote est délicatement parfumée et elle est encore meilleure accompagnée de quelques navettes.

Pain

Au retour du four, les boules de pain étaient rangées à l'abri des bêtes et de la poussière. La provision était conservée, dans les grands mas isolés qui ne cuisaient pas leur pain, des semaines et des mois. Au Moyenâge, elles étaient disposées dans des paniers d'osier, le banastoun ou canestèu ou sur des claies suspendues aux solives du plafond. (F. Benoit, *La Provence et le Comtat Venaissin*, Aubanel).

Tartarin

Alphonse Daudet avait écrit en 1869 une première version de Tartarin de Tarascon : *Barbarin de Tarascon raconté par un témoin de sa vie*. Il y faisait le portrait, en accentuant les travers grotesques du personnage, d'un notable de Tarascon qui refusait la main de sa fille à un jeune homme intelligent mais roturier sans fortune (Alphonse lui-même bien sûr) qu'il avait pourtant accueilli à bras ouverts dans sa maison. M. de Barberin se reconnut sans peine dans ce portrait, d'autant plus que son nom était à peine modifié. Il s'empressa de faire interdire l'ouvrage mais le jeune homme, qui avait de la suite dans les idées, tenait à sa vengeance. Il reprit son récit quelques années plus tard, choisit un titre moins compromettant, *Les Aventures de Tartarin de Tarascon*, et cette fois-ci il ridiculisa férocement… Tarascon et les Tarasconais !

Le succès fut énorme, la ville et ses habitants mirent des années à s'en remettre ! Aujourd'hui l'outrage semble oublié puisque la cité a consacré une maison à son cher Tartarin.

Tartarin de Tarascon

Février

Lundi
2
Présentation du Seigneur - Saint Jean Théophane

Mardi
3
Saint Blaise

Mercredi
4
Sainte Véronique

Jeudi
5
Sainte Agathe

Vendredi
6
Saint Gaston

Samedi
7
Sainte Eugénie

Dimanche
8
Sainte Jacqueline

Février

Saint-Valentin

Traditionnellement la Saint-Valentin (14 février) était pour les paysans le temps du printemps, le moment où la sève remonte, où la végétation se réveille après le long sommeil hivernal.
Il en est de même pour l'homme. C'est le temps venu pour les jeunes gens de chercher l'âme sœur s'ils ne l'ont pas encore trouvée. Les couples se forment, chaque Valentin cherche sa Valentine. C'est la fête des amoureux !
Les oiseaux aussi s'accouplent et font leur nid, ou s'y essaient comme la pie :
Pèr Sant-Valentin
L'agasso mounto au pin.
Noun pas pèr poundre o pèr couva,
Ma pèr veire se vai pla.
À la Saint-Valentin,
La pie monte au pin.
Non pas pour pondre ou pour couver,
Mais pour voir si c'est bien.

Vocabulaire amoureux d'autrefois

S'agrada : se plaire.
Se caligna, se parla : flirter, se "fréquenter".
Lou calignage : le flirt.
Lou boun ami : le soupirant.
La mestresso : la fiancée.

Vocabulaire amoureux d'aujourd'hui

Furer, frotter : flirter (et même un peu plus).
Ma nine, ma caille : ma chérie.
Un poutoun : un baiser.
Fréquenter : sortir avec quelqu'un.
Les novi : les fiancés

Pêche

Ce qui frappe d'abord dans Martigues, c'est sa physionomie joyeuse ; ce sont ses rues, toutes coupées de canaux et jonchées de cyatis et d'algues aux senteurs marines ; ce sont ses carrefours, où il y a des barques comme autre part il y a des charrettes. Puis, de pas en pas, des squelettes de navires surgissent ; le goudron bout, les filets sèchent. C'est un vaste bateau où tout le monde pêche, les hommes au filet, les femmes à la ligne, les enfants à la main ; on pêche dans les rues, on pêche de dessus les ponts, on pêche par les fenêtres, et le poisson toujours renouvelé et toujours stupide, se laisse prendre ainsi au même endroit et par les mêmes moyens depuis deux mille ans.
(Alexandre Dumas, *Nouvelles impressions de voyage*, 1841).

Publicité

Les Bains de mer chauds présentent les bains les plus médicamenteux que la médecine ait à sa disposition ; ils peuvent être employés avec avantages toutes les fois que l'on aura recours aux stations thermales salines. Les bienfaits sont merveilleux dans l'anémie, lymphatisme, mollesse des chairs, états strumeux, convalescences chirurgicales, etc. L'eau de mer chaude employée en douches internes donne les meilleurs résultats dans le traitement des métrites, déviations utérines, fibromes, etc. L'eau est puisée au large.
Sa pureté est parfaite. Les baignoires sont en porcelaine. Les cabines, vastes, bien aérées, ensoleillées, sont constituées par des cloisons en verre opaque et lisse d'après les règles les plus récentes de l'hygiène scientifique.
(Publicité paru dans *La Provence touristique*, 1908.)

Février

Lundi
9

Sainte Apolline

Mardi
10

Saint Arnaud

Mercredi
11

Notre-Dame de Lourdes - Saint Adolphe

Jeudi
12

Saint Félix

Vendredi
13

Sainte Béatrice

Samedi
14

Saint Valentin

Dimanche
15

Saint Claude

Février

Montgolfière

Les frères Montgolfier se rendaient régulièrement en Avignon pour leurs affaires.
C'est dans une maison de la rue Saint-Étienne qu'ils auraient eu l'idée de leur aérostat. "Ce fut à Avignon que M. de Montgolfier l'aîné fit son expérience pour la première fois. Là, il ne vit pas sans une vive joie, qu'un petit parallélépipède creux de taffetas qui contenait quarante pieds cube ou à peu près, ayant été chauffé préalablement avec du papier, monta rapidement au plafond. Retourné à Annonay, il n'eut rien de plus pressé que de répéter, avec monsieur son frère, cette expérience en plein air, et ils virent avec la même satisfaction ce parallélépipède s'élever et monter à une hauteur de 70 pieds." (*Courrier d'Avignon*, 24 février 1784.) Montgolfier réalisa une de ses premières expérimentations dans la cour d'honneur de l'hôtel de Villeneuve-Martignan, l'actuel musée Calvet.

Conseils "lunatiques"

Il faut suivre le cycle lunaire avec attention pour profiter des effets bénéfiques de la lune :
Couper vos cheveux les soirs de pleine lune, ils pousseront plus vite et seront plus vigoureux.
Couper vos ongles en lune montante, ils seront fortifiés.
Commencer votre régime amaigrissant pendant le dernier quartier (lune en forme de C), c'est le moment idéal, celui où votre corps éliminera le plus facilement les toxines. Éviter absolument le premier quartier (lune en forme de D) car alors, le corps stocke les calories.

Record

16 février 1930. Les aviateurs Costes et Codos ont battu deux nouveaux records du monde, mettant ainsi la France en tête du palmarès aérien. À bord du Bréguet Super-Bidon équipé d'un moteur Hispano de 600 chevaux, les deux héros se sont envolés hier d'Istres à 16 h 7 min 21 s pour y atterrir ce matin à 10 h 8 min 41 s. Ils ont non seulement battu le record mondial de durée, mais en plus celui de la distance en circuit fermé, avec 3 275 km parcourus à la vitesse moyenne de 204 km/h et cela sous une pluie battante !

Confettis

La vieille ville de Nice est située sur la rive gauche du Paillon. C'est sur celle-ci que se trouve la promenade du Cours où, pendant le carnaval, se livrent avec le plus d'acharnement, les batailles à coup de confettis. "Des chars garnis de banderolles et de feuillages, écrit M. E. Négrin, s'avancent lourdement comme des éléphants de Pyrrhus. Ils s'arrêtent devant la tour Malakof de Visconti, et une lutte acharnée s'engage aussitôt pour quelques minutes.
Les combattants ont abaissé leur visière, sorte de grillage en menus fils de fer qu'on vend pour la circonstance. De petits bouquets, des confettis, des faginoli, des ciceri, des papillotes, des pralines, montent, descendent, se heurtent, crépitent comme la grêle sur les armures des chevaliers. Il pleut des épigrammes, il jaillit des sarcasmes.
La mitraille jetée d'en haut, lancée d'en bas à pleines mains, à pleins sacs, se répand dans l'air ainsi que les flèches chez les Parthes…" (*L'Illustration*, 1880.)

Février

Lundi 16
Sainte Julienne

Mardi 17
Saint Alexis

Mercredi 18
Sainte Bernadette

Jeudi 19
Saint Gabin

Vendredi 20
Sainte Aimée

Samedi 21
Saint Pierre Damien

Dimanche 22
Sainte Isabelle

Février

Carnaval

Autrefois, la jeunesse organisait pour le Carnaval des jeux et des danses. Pour danser les *Fielouso* (les Fileuses), danse exécutée le long des rues sur une longueur d'au moins cinquante à soixante mètres, les garçons étaient vêtus d'un pantalon blanc tenu à la taille par une *taiolo roujo* (ceinture rouge), d'un petit *espincèr* (spencer) - petit gilet rouge de forme arrondie sur le devant - et d'un calot, rouge aussi. Ils étaient chaussés d'espadrilles blanches. Les jeunes filles portaient une jupe assez ample de couleur rouge avec corselet rouge, une chemise blanche apparente, assez décolletée, serrée en haut de la poitrine par un ruban. Elles portaient également des espadrilles blanches. Les garçons étaient placés à gauche, les filles à droite. En tête, se trouvait le maître à danser, *lou prièu* (le prieur). Vêtu à la Louis XV, il portait à la main un bâton décoré de rubans de toutes les couleurs avec lequel il commandait les pas, chassés-croisés et entrelacs. Les danseurs entouraient un grand feu où un arleri, un bouffon, devait distraire l'assistance par ses gambades et troubler les danseurs par ses facéties. C'était le démon du feu. On dansait sur un air à deux temps au son des galoubets et des tambourins et de nombreux couplets étaient chantés.

(d'après C. Seignolle, *Le Folklore de la Provence*, Maisonneuve & Larose.)

Mardi gras

"J'écris ceci sur la Côte d'Azur, un jour de Mardi gras ; à Nice, devant la Baie des Anges, on incinère Carnaval LII ; à la hauteur des maisons magenta de la place Masséna, les Baals de carton ont dominé tout le jour la foule blanchie par les confettis de plâtre ; les femmes les plus roses paraissaient d'un gris de pastel sous leur masque de fil de fer…"
(P. Morand, *Chroniques* 1931-1954, Grasset.)

Tonnerre

*Quand trono la niue de Sant-Mathias,
Jalo touti li mes de l'an.*

Quand il tonne la nuit de la Saint-Mathias (24 février),
Il gèle tous les mois de l'année.
(L'année sera froide).

Navire

"Le 24 février 1815, la vigie de Notre-Dame de la Garde signala le trois-mâts le Pharaon, venant de Smyrne, Trieste et Naples. Comme d'habitude, un pilote côtier partit aussitôt du port, rasa le château d'If, et alla aborder le navire entre le cap de Morgiou et l'île de Riou."
(Alexandre Dumas, *Le Comte de Monte-Cristo*.)

29 février

2004 est une année bissextile, on rajoute un jour, c'est *l'an dou bissèst*, elle comptera 366 jours. Comme tout ce qui était insolite, l'année bissextile était redoutée par les Romains. En provençal bissèst signifie "désastre" !
Mais les Provençaux savent garder leur sens de l'humour et disent :
*Mesfiso-te de l'annado dou bissèst
Emai d'aquelo d'avans e d'aquelo d'après.*
Méfie-toi de l'année bissextile
Mais aussi de celle d'avant
et de celle d'après !

Février

Lundi
23
Saint Lazare

Mardi
24
Mardi-Gras - Saint Modeste

Mercredi
25
Cendres- Saint Roméo

Jeudi
26
Saint Nestor

Vendredi
27
Sainte Honorine

Samedi
28
Saint Romain

Dimanche
29
Carême - Saint Auguste

Mars

Jardin

Mars
Poudo d'ouro, poudo tard,
La meistre poudo es aquelo de mars.
Taille tôt, taille tard,
La meilleure taille est celle de mars.

Terminer la taille des arbres fruitiers et les traiter préventivement. Arroser régulièrement les arbres en pot. Rempoter les plantes mises en serre, supprimer les branches sèches ou chétives. Arroser plus souvent et ajouter de l'engrais.
Commencer à enlever les protections mises sur les plantes fragiles. Débuter la taille des arbustes à floraison précoce (tamaris, spirée).
Tailler la glycine au-dessus du troisième œil, tailler les hortensias.
Tailler court les rosiers buissons et grimpants à floraison remontante.
Tailler long les autres et les traiter préventivement contre les parasites et les maladies. Planter les conifères et les plantes de terre de bruyère. Traiter si nécessaire les camélias et les rhododendrons contre les cochenilles. Semer sous abri et en pots les primevères, les pervenches de Madagascar. Rempoter les azalées et les cyclamens après la floraison. Semer directement en place les annuelles rustiques comme les soucis, les bleuets. Pour accélérer le départ de leur végétation, mettre les cannas et les dahlias dans des pots remplis de terreau et les placer au chaud.
Semer les nouveaux gazons sur un sol bien préparé. Laver les feuilles des plantes d'appartement.

Canard

Li canard que volon d'aqui, d'eila
O fan de cabus set dins l'aïgo,
Marcon de plueio.

Les canards qui volent de-ci de-là
Ou font des plongeons dans l'eau,
Présagent la pluie.

Peindre

Cézanne se trouve avec son ami Gasquet dans sa bibliothèque. Il se saisit d'un livre de Balzac, La Peau de Chagrin et lui lit un passage décrivant une nappe : "blanche comme une couche de neige fraîchement tombée et sur laquelle s'élevaient symétriquement les couverts couronnés de petits pains blonds" et Cézanne ajoute : "Toute ma jeunesse, j'ai voulu peindre ça, cette nappe de neige fraîche… Je sais maintenant qu'il ne faut vouloir peindre que 's'élevaient symétriquement les couvert' et 'les petits pains blonds'. Si je peins 'couronnés', je suis foutu… Et si vraiment j'équilibre et je nuance mes couverts et mes pains comme sur nature, soyez sûr que les couronnes, la neige et tout le tremblement y seront."

Déjeuner provençal

Déjeuner à Cucuron en 1928 : "Elle nous sert un fort bon repas. Des olives (l'huile n'a pas encore eu beaucoup le temps de macérer la jeune chair) ; le tulle d'une omelette légère ; le velours du bœuf en daube ; les artichauts à la barigoule, succulentes petites cassolettes d'où monte l'aromatique encens des garrigues et des potagers. Les confitures de coing sentent la rose. Le vin rosé sent la rose, aussi." (Jean-Louis Vaudoyer, *Beautés de la Provence.*)

Mars

Lundi 1
Saint Aubin

Mardi 2
Saint Charles le Bon

Mercredi 3
Saint Guénolé

Jeudi 4
Saint Casimir

Vendredi 5
Saint Olive

Samedi 6
Sainte Colette

Dimanche 7
Fête des Grands-Mères - Sainte Félicité

Mars

Menthe

Menthe sauvage, menthe poivrée, menthe romaine, menthe rouge, menthe pouliot… les variétés de menthe sont nombreuses mais c'est la menthe poivrée qu'on apprécie pour sa finesse et son parfum, tant en confiserie qu'en cosmétique ou pharmacologie.
Pline recommandait aux étudiants de se ceindre la tête d'une couronne de menthe pour garder l'esprit clair. La menthe est également un moyen efficace pour lutter contre la vermine (surtout la menthe pouliot dont le nom vient du latin pulex, puce) : on en couvrait les sols, on en mettait dans les lits, et même dans les sacs de grains ou près des fromages pour en éloigner les souris.
Ses vertus thérapeutiques sont précieuses : antiseptique, digestive, expectorante, antispasmodique, tonique et cordiale.

Pêches et prunes

"Marseillais, plantez des figues, gens d'Aix, binez les oliviers, Brignolais, greffez les pruniers, Salonnais, émondez les amandiers, Barbentanais, fumez les pêchers, Cabanais, faites des semis de poireaux, Châteaurenardais, ayez soin des pommes d'amour, gens de Saint-Rémy, arrosez les aubergines, Cavaillonais, semez des melons, Mazanais, cueillez des cerises, Cujais, couvrez bien vos câpres, Cucuronais, écimez vos courges et gens de Pertuis, vantez vos poireaux, gens du Ventoux, fouillez vos truffes."
(F. Mistral, *Armana Prouvençau*, 1855.)

Thalassothérapie

L'établissement des Bains de mer chauds avait ouvert au 96, promenade de la Corniche à Marseille en 1908. Les chambres coûtaient 4 et 5 francs par jour, la pension 8,50 F.

Infusion de menthe

En infusion, la menthe combat la paresse de l'estomac et de l'intestin et stimule la vésicule. Mettre 6 à 8 feuilles de menthe dans de l'eau bouillante. Laisser infuser 5 minutes.
En boire une à deux tasses après les repas.

Portrait

Alphonse Daudet, lorsqu'il était jeune "était un gaillard qui voyait courir le vent : impatient de tout connaître, audacieux et bohème, franc et libre de langue, se lançant à la nage dans tout ce qui était vie, lumière, bruit et joie, et ne demandant qu'aventures. (…) Je me souviens d'un soir où nous soupions au Chêne-Vert, un plaisant cabaret des environs d'Avignon. Entendant la musique d'un bal qui se trouvait en contrebas de la terrasse où nous étions attablés, Daudet, soudainement, y sauta (je puis dire de neuf ou dix pieds de haut) et tomba, à travers les sarments d'une treille, au beau milieu des danseuses qui le prirent pour un diable.
Une autre fois, du haut du chemin qui passe au pied du Pont du Gard, il se jeta, sans savoir nager, dans la rivière du Gardon, pour voir, avait-il dit, s'il y avait beaucoup d'eau. Et, ma foi, sans un pêcheur qui l'accrocha avec sa gaffe, mon pauvre Alphonse, à coup sûr, buvait le bouillon de onze heures."
(F. Mistral, *Memori e raconti*.)

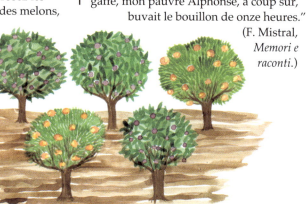

Mars

Lundi 8
Saint Jean de Dieu

Mardi 9
Sainte Françoise

Mercredi 10
Saint Vivien

Jeudi 11
Sainte Rosine

Vendredi 12
Sainte Justine

Samedi 13
Saint Rodrigue

Dimanche 14
Sainte Mathilde

Mars

Hirondelle

L'hirondelle est en Provence l'oiseau le plus communément aimé et respecté. La tuer est un acte sacrilège que l'on ne se risque guère à commettre. On se garde bien de détruire le nid qu'elle bâtit sous les toits, aux fenêtres ou à l'intérieur des hangars et des écuries. Le retour d'année en année de l'oiseau à ce nid est un gage de bonheur pour la maison. (Charles Galtier, *L'Agriculteur provençal*.)

Il y a un très joli dicton provençal sur l'hirondelle (*dindouleto* en provençal) :
Fidèu coume uno dindouleto à soun nis.
Fidèle comme une hirondelle à son nid.

Printemps

Pour marquer la fin de l'hiver autrefois, on se dépouillait des vêtements chauds qu'on avait portés jusque là et des vieux habits usés qu'on jetait "au premier chant du rossignol ou du coucou". De cet usage vient l'expression de "rossignols" ou de "vieux coucous" pour désigner des vêtements ou des objets démodés ou trop vieux.

Date

20 mars 1587 : Le duc d'Épernon, gouverneur de Provence, séjourne en Avignon. Ce jour-là, dans la rue de la Petite-Fusterie, "il courut la bague avec grand triomphe, tous masques accoutrés de couleurs." Dans ce jeu de la Bague, les joueurs, montés sur un cheval lancé au galop, devaient enfiler leur lance dans un anneau suspendu à une potence.

Flânerie

"Dans les rues étroites, blanches de chaux et fraîches et bordées de vieux hôtels, on flâna doucement jusqu'à la nuit tombante, pour regarder sur leur porte ou derrière le rideau de canevas transparent ces Arlésiennes qui étaient pour beaucoup dans le motif latent de notre descente en Arles. Nous vîmes les arènes avec leurs grands portails béants, le théâtre antique avec son couple de majestueuses colonnes, Saint-Trophime et son cloître, la Tête sans nez, le palais du Lion, celui des Porcelets, celui de Constantin et celui du Grand-Prieur. Parfois, sur les pavés, nous nous heurtions à l'âne de quelque *barralejaire* qui vendait de l'eau du Rhône. Nous rencontrions aussi les *tibaniere* brunes qui rentraient en ville, la tête chargée de leur faix de glanes, et les *cacalausiere* qui criaient :
Qu voou leis limaçouns de chaumo ? (Qui en veut, des limaçons des chaumes ?)"
(F. Mistral, *Memori e raconti*.)

Pissenlit

Pour être en pleine forme au printemps, pour débarrasser l'organisme des miasmes de l'hiver, rien ne vaut une cure de pissenlits. Mangés en salade simplement arrosés d'un filet d'huile d'olive, ou cuit comme des épinards, ils augmentent le volume de la bile et constituent un excellent dépuratif.

Mars

Lundi 15
Sainte Louise

Mardi 16
Sainte Bénédicte

Mercredi 17
Saint Patrice - Saint Patrick

Jeudi 18
Mi-Carême - Saint Cyrille

Vendredi 19
Saint Joseph

Samedi 20
Printemps- - Saint Herbert

Dimanche 21
Sainte Clémence

Mars

Marseille

"Le port intéressait sérieusement les promoteurs immobiliers. Deux cents hectares à construire, un sacré pactole. Ils se voyaient bien transférer le port à Fos et construire un nouveau Marseille en bord de mer. Ils avaient déjà les architectes et les projets allaient bon train. Moi, je n'imaginais pas Marseille sans ses darses, ses hangars vieillots, sans bateaux. J'aimais les bateaux. Les vrais, les gros. J'aimais les voir évoluer. Chaque fois j'avais un pincement au cœur. (…) Le ferry s'était engagé dans le bassin de la grande Joliette. Il glissa derrière la cathédrale de La Major. Le soleil couchant donnait enfin un peu de chaleur à la pierre grise, lourde de crasse. C'est à ces heures-là du jour que la Major, aux rondeurs byzantines, trouvait sa beauté. Après, elle redevenait ce qu'elle a toujours été : une chierie vaniteuse du Second Empire."
(J.-C. Izzo, *Total Khéops*, Gallimard.)

Brousse

La brousse du Rove est un fromage fabriqué exclusivement avec du lait de chèvre bouilli, moulé dans des étuis en forme de cône qui lui donne sa forme si caractéristique. Elle était vendue autrefois dans les rues de Marseille par les hommes du village du Rove qui criaient "*Leis broussos doou Rove !*" On la mange agrémentée de fines herbes, en omelette et le plus souvent en dessert simplement saupoudrée de sucre. On la trouve fabriquée comme autrefois chez la famille Gouiran au Rove, sur les marchés et dans les bonnes crémeries de la région.

Cuisine

Gâteau à la brousse
400 g de brousse (acheter celle du brousse du Rove toujours fabriquée comme autrefois), 3 œufs, 150 g de sucre, le jus d'un citron non traité.

Écraser la brousse à la fourchette, ajouter le sucre, les œufs, le jus de citron et bien mélanger (ou mixer le tout dans le bol d'un robot-mixeur). Verser ensuite dans un moule préalablement beurré et faire cuire 30-35 min. environ au four à 200°.

Chèvre

Le mâle mesure entre 90 cm et 1 mètre ; la femelle entre 70 et 80 cm. La robe est le plus souvent rouge, mais elle peut aussi être noire, sardine (gris et rouge), baou (gris cendre), cardamine (rouge moucheté de blanc), baie (noire mouchetée de blanc)… La tête est de forme triangulaire, avec des arcades sourcilières saillantes. Les cornes sont très développées chez les deux sexes, portées haut et montant en spirale. Chez le bouc, elles peuvent atteindre 1,20 m d'envergure.
La chèvre du Rove a une très bonne résistance et se contente de terrain pauvre ; elle produit, en petite quantité, un lait très riche dont on tire fromage et brousse. (*Le Monde*, août 2002.)
La chèvre du Rove a des cornes en forme de lyre, c'est un animal rustique très résistant qui serait arrivé de Phénicie ou d'Arcadie il y a plus de vingt-quatre siècles.

Mars

Lundi 22
Sainte Léa

Mardi 23
Saint Victorien

Mercredi 24
Sainte Catherine de Suède

Jeudi 25
Annonciation - Saint Humbert

Vendredi 26
Sainte Larissa

Samedi 27
Saint Habib

Dimanche 28
Saint Gontran

Mars — Avril

Poisson d'avril !

Peissoun d'Abriéu ! Poisson d'avril ! s'exclament les enfants le 1er avril, lorsqu'ils ont réussi à accrocher dans le dos d'un copain ou d'un adulte un magnifique poisson de papier qu'ils ont soigneusement dessiné, sans que celui-ci s'en aperçoive. C'est aussi le jour de toutes les galéjades (plaisanteries en français de Provence).

La coutume des farces du 1er avril remonte à l'époque de Charles IX. C'est lui qui décida, en 1564, de faire commencer l'année le 1er janvier et non plus le 1er avril comme c'était le cas jusque là. On remplaça les cadeaux et étrennes reportés au 1er janvier par des farces et des nouvelles farfelues, on s'adressa des "étrennes pour rire". Comme le mois d'avril marque la fin du signe des poissons, on nomma ces fausses démonstrations des "poissons d'avril".

Orange

Le jour des Rameaux, les enfants allaient faire bénir à l'église un rameau, branche de laurier ou d'olivier auxquelles on suspendait des friandises : fruits secs, figues, noix, amandes, ou des papillotes de fruits confits couronnées d'une orange, symbole du monde chrétien. Ce jour-là, les boulangers confectionnaient des échaudés que l'on dégustait à la sortie de la messe.

Panisse

La panisse est un beignet de farine de pois chiches dont l'origine remonterait à la fameuse arrivée de bateaux chargés de ce légume sec à Marseille le jour des Rameaux alors que la région était en pleine période de famine. On peut encore la déguster à l'Estaque, sur le port et en trouver dans les bonnes maisons de pâtes fraîches de Nice à Martigues. La recette paraît simple : de l'eau, de l'huile d'olive, de la farine de pois chiches, du sel et de l'huile pour friture, mais il faut avoir le tour de main pour que la bouillie obtenue, qui doit reposer deux heures, ait la consistance désirée. On coupe la pâte en rondelles ou en bâtonnets que l'on fait frire à la poêle, on ajoute un peu de sel et on savoure les panisses bien chaudes accompagnées d'un petit rosé bien frais.

Cuisine

Salade de pois chiches

Pour 6 personnes :
1 boîte de 1 kg de pois chiches, 2 oignons nouveaux, 12 filets d'anchois à l'huile, 100 g de petites olives noires de Nice, quelques brins de persil et de basilic, huile d'olive, vinaigre, sel, poivre.

Mettre les pois chiches dans une passoire et les rincer abondamment à l'eau froide. Égoutter. Hacher les oignons, le persil et le basilic, couper les anchois en petits tronçons. Dans un saladier, verser les pois chiches, ajouter les oignons, les anchois, les herbes, les olives, assaisonner avec l'huile d'olive, la cuillerée de vinaigre, saler, poivrer. Remuer et laisser macérer au moins 20 minutes avant de servir.

À Martigues, on remplace les anchois par de fines tranches de poutargue.

Mars   Avril

Lundi
29
Sainte Gwladys

Mardi
30
Saint Amédée

Mercredi
31
Saint Benjamin

Jeudi
1
Saint Hugues

Vendredi
2
Sainte Sandrine

Samedi
3
Saint Richard

Dimanche
4
Rameaux - Saint Isidore

Avril

Cloches

À Méthamis, les enfants parcouraient les rues avec des reinette (crécelles) qu'ils faisaient retentir sans arrêt, produisant un boucan d'enfer, pour remplacer le bruit des cloches parties à Rome. Pour fêter leur retour le jour de Pâques, les mamans confectionnaient des oreillettes et des tranches dorées.

Cuisine de Pâques

Il est de tradition de manger un gigot d'agneau pour le déjeuner pascal.

Gigot d'agneau à la crème d'ail
Pour 6 personnes :
1 gigot d'agneau de 1,5 kg environ,
12 gousses d'ail, sel, poivre.

Crème d'ail : Peler les gousses d'ail, enlever leur germe et les faire blanchir à l'eau bouillante pendant 2 à 3 minutes. Lorsque l'ail est cuit l'écraser à la fourchette ou au mixer et laisser en attente.

Mettre le gigot dans un plat à four, le saler, le poivrer et faire cuire à four chaud (225°) ou à la broche pendant 1 h 15 environ (10 min de moins si vous le préférez saignant). En cours de cuisson ajouter 1/2 verre d'eau dans le plat si nécessaire.

Lorsque le gigot est cuit, le laisser reposer 5 à 10 minutes dans le four porte ouverte.
Le découper, prélever 1 ou 2 cuillerées à soupe de jus et les incorporer à la crème d'ail. Mélanger. Le gigot cuit ainsi garde toute sa saveur et les amateurs d'ail pourront le doser à leur goût. On peut accompagner ce plat de pommes de terre nouvelles sautées à l'huile d'olive ou de légumes printaniers, fèves, petits pois, courgettes, carottes nouvelles.

Expression

Douna li pèd : donner les pieds, c'est-à-dire délivrer un enfant du maillot pour le faire marcher.

Traditionnellement autrefois, les mères choisissaient le Samedi Saint pour chausser leur enfant et lui faire faire ses premiers pas. Ce jour-là, la marraine offrait des habits neufs (blancs la plupart du temps) et l'on se rendait à l'église présenter l'enfant à la Vierge.
Au moment du "Gloria in excelsis", la mère posait son enfant par terre et, en le tenant par les deux mains, lui faisait effectuer quelques pas sur la travée parsemée de feuilles de sauge (la sauge était la plante de la Vierge).

Paniers

Le jour de Pâques, on cache des œufs multicolores (qu'on a fait durcir et qu'on a coloré avec des teintures végétales) et des œufs et friandises en chocolat dans le jardin. On prépare toutes sortes de petits paniers et corbeilles, un pour chaque enfant, décorés de rubans multicolores et garnis de coton ou de tissus pour éviter que les œufs ne se cassent, et les bambins partent, le cœur joyeux, à la chasse aux œufs.

Teinture

Pour teinter les œufs durs :
En jaune : les faire bouillir avec des pelures d'oignons.
En vert : les faire durcir dans l'eau de cuisson d'un demi kilo d'épinards.
En rouge : les faire bouillir avec une betterave coupée en quatre.

Avril

Lundi
5
Sainte Irène

Mardi
6
Saint Marcellin

Mercredi
7
Saint Jean-Baptiste de la Salle

Jeudi
8
Sainte Julie

Vendredi
9
Vendredi Saint - Saint Gautier

Samedi
10
Saint Fulbert

Dimanche
11
Pâques - Saint Stanislas

Avril

Faune et flore

L'archipel du Frioul dans la rade de Marseille possède des trésors. Bien sûr, il y a l'hôpital Caroline, un lazaret édifié au XIXe siècle qui accueille des concerts en été, mais surtout, sur ces rochers calcaires, endroit le plus sec de France, poussent 304 espèces végétales. Ainsi, le pin d'Alep s'est adapté au vent violent et est devenu une espèce… rampante. On décompte 38 espèces d'escargots, 4 sortes de reptiles, 99 variétés d'oiseaux dont la rare chouette chevêche, 97 genres d'insectes et, catégorie mammifère, la plus grande chauve-souris d'Europe.

Cuisine

Omelette aux asperges sauvages
D'abord, on part dans la colline pour ramasser dans les buissons ces petites asperges sauvages, vertes et si délicieuses.
Pour 6 personnes :
15 œufs, toutes les asperges que vous avez ramassées, 2 cuillères à soupe d'huile d'olive, 1 cuillère à soupe d'eau, sel, poivre.

Faire revenir tout doucement dans une grande poêle les asperges avec 1 cuillère à soupe d'huile d'olive, la cuillère d'eau, du sel, du poivre. Pendant ce temps, battre les œufs, y ajouter une cuillère à soupe d'huile d'olive, du sel, du poivre. Lorsque l'eau des asperges est évaporée (10 minutes environ) et qu'elles sont tendres, verser les œufs dans la poêle et faire cuire à petit feu en remuant sans arrêt. Servir sans attendre.

Éloge

M. Cézanne est, dans ses œuvres, un Grec de la belle époque ; ses toiles ont le calme, la sérénité héroïques des peintures et des terres cuites antiques, et les ignorants qui rient devant les Baigneuses, par exemple, me font l'effet de barbares critiquant le Parthénon.
(Georges Rivière, *L'Impressionniste*, 1877.)

Lundi de Pâques

Le lundi de Pâques, en Provence, on mange l'omelette au cabanon.

Narcisses

Pour que vos narcisses ou vos jonquilles durent plus longtemps, piquez leurs tiges avec une épingle, ils absorberont ainsi l'eau plus aisément.

Pèlerinage

Le mardi de Pâques à Eygalières, les villageois se rendent en procession jusqu'à la très jolie chapelle Saint-Sixte en portant le buste de leur saint patron. Ils le remercient ainsi de les avoir protégés de la peste au XVIIe siècle. La chapelle romane est bâtie sur une colline dans un site ravissant, à 1,5 km du bourg. Aujourd'hui la cérémonie a toujours lieu mais les pèlerins demandent l'intervention du saint pour obtenir la pluie.

Avril

Lundi
12
Lundi de Pâques - Saint Jules

Mardi
13
Sainte Ida

Mercredi
14
Saint Maxime

Jeudi
15
Saint Paterne

Vendredi
16
Saint Benoît-Joseph

Samedi
17
Saint Anicet - Saint Étienne H.

Dimanche
18
Saint Parfait

Avril

Jardin

Avril

Au mes d'abriéu,
Tout arbre a soun gréu.
Au mois d'avril,
Tout arbre a son bourgeon.

En avril, il y a parfois des changements brusques de température.
Finir d'enlever les protections mises sur les plantes fragiles. Planter les bulbes à floraison estivale, les bégonias, les dahlias nains. Planter les grimpantes semi-rustiques, le jasmin, la bignone et repiquer les pois de senteur, les ipomées, les cobées. Multiplier la sauge, le romarin, la lavande, la violette. Arroser les hortensias avec une solution à base de sulfate d'alumine (poudre d'alun) pour les faire bleuir. Attention aux attaques d'araignées rouges sur les lilas.
Tailler court le thym, la sauge et la marjolaine et les arbustes à feuilles argentées, les santolines, les armoises. Faire des boutures de lauriers-roses en plaçant les tiges coupées dans un verre d'eau.
Mettre en place les plants de tomates. Planter les fraisiers et ajouter du terreau. Mettre de la glu autour du tronc des arbres pour empêcher l'envahissement par les fourmis.
Aérer la pelouse.

Nice

La ville de Nice est assise au bord de la mer, au fond d'une belle et large baie figurant à peu près un arc de cercle. Le lit d'un torrent la partage en deux villes distinctes : la vieille et la neuve. Le lit de ce torrent si connu, le Paillon, a presque la largeur de la Seine, et il est à peu près sec toute l'année. Tout au plus conserve-t-il, durant l'été, un mince filet d'eau courante. C'est un fleuve où, comme l'a dit si plaisamment M. Alphonse Karr, les blanchisseuses "mettent leur linge à sécher". (*L'Illustration*, 1880.)

Saint Georges

Saint Georges (23 avril) est le premier des Cavaliers du froid qui peuvent à la fin avril apporter des gelées tardives. C'est le patron des gardians de Camargue.

Cavaliers du Froid

Une recrudescence du froid, accompagnée parfois de gelées tardives, se produit souvent dans les derniers jours d'avril et les premiers jours de mai. Ces saints de glace sont nommés en Provence *Li Cavalié de la Fre,* Les Cavaliers du Froid. Il s'agit de saint George, sant Jourguet (23 avril), saint Marc, sant Marquet (25 avril), saint Eutrope, sant Troupet (3 mai), et de la Sainte-Croix, Crouset (6 mai).

Palme

"Dimanche il avait plu. Mais hier, lundi, le soleil faisait son apparition en même temps que les premières vedettes descendues du Train Bleu, et, vers midi, c'est sur un ciel éclatant que flottaient les drapeaux des trente-quatre nations invitées cette année au Festival de Cannes. Dans la soirée, une brusque bourrasque nous amena de méchants nuages. On craignit le pire. Le pire n'arriva pas et la foule amassée devant le palais put voir défiler" dans leur splendeur intacte les étoiles du jour. (*Le Monde*, 24 avril 1956).
Cette année-là, la Palme d'Or revint au film *Le Monde du Silence*, réalisé par le commandant Jean-Yves Cousteau et Louis Malle.

Avril

Lundi 19
Sainte Emma

Mardi 20
Sainte Odette

Mercredi 21
Saint Anselme

Jeudi 22
Saint Alexandre

Vendredi 23
Saint Georges

Samedi 24
Saint Fidèle

Dimanche 25
Souvenir des Déportés - Saint Marc

Avril   Mai

Muguet

Les petites clochettes blanches et odorantes du muguet portent bonheur. On offre du muguet le 1er mai et l'on retrouve avec plaisir la tradition des marchands des rues éparpillés dans les villes et les villages et qui vendent leurs brins en criant comme autrefois "Le muguet du 1er mai !". Le muguet égaie les maisons, met le cœur en joie. Les botanistes indiquent qu'il contient un glucoside, la convallatoxine, très puissant "propre à fortifier le cœur et à en combattre les spasmes et les battements." Les fleurs, séchées à l'ombre et réduites en poudre, constituent un sternutatoire efficace si on les prise comme le tabac.
Les jardiniers le plantent à l'ombre et le multiplient à l'automne.

1er mai

Ce jour-là, dans toute la Provence, les garçons allaient autrefois fleurir la porte des jeunes filles. Le choix du végétal avait beaucoup d'importance, chaque plante ayant sa signification. Ils déposaient des branches de ronce sur le seuil des filles ayant mauvais caractère, des fagots de *baguié* (laurier-sauce) pour les mauvaises langues, des artichauts pour les filles volages et des branches de figuier pour celles qui avaient "séché les figues", c'est-à-dire qui attendaient en vain un mari. Les amoureux choisissaient la rose, le jasmin ou la fleur d'oranger, symbole d'amour, pour fleurir leur belle.
Par contre, une branche de cyprès ou un chardon étaient signes de rupture.

Cuisine

Maquereaux farcis
C'est au mois de mai que la chair des maquereaux est la meilleure.
Pour 6 personnes :
1 ou 2 maquereaux par personne selon la grosseur, 25 g de beurre par poisson, 1 gros bouquet de persil, 2 gousses d'ail, 1 verre de vin blanc, sel, poivre.

Demander à votre poissonnier d'ôter l'arête centrale et la tête des poissons.
Enlever le foie des maquereaux, les hacher ainsi que les gousses d'ail et le persil. Mélangez-le tout avec le beurre et remplir l'intérieur des poissons de cette farce. Entourer les poissons de ficelle pour les fermer, et les mettre dans un plat à gratin avec le verre de vin blanc, le sel et le poivre. Faire cuire 20 minutes à four chaud (th. 200°).

Correspondance

Mai 1889. Vincent Van Gogh accompagné du pasteur Salles arrive à la maison de santé de Saint-Paul-de-Mausole à Arles d'où il écrit à son frère Théo. "Je t'assure que je suis bien ici. Une petite chambre à papier gris-vert avec des rideaux vert d'eau, ces rideaux, probablement des restes d'un riche et ruiné défunt, sont fort jolis de dessins. De la même source provient probablement un fauteuil très usé, recouvert d'une tapisserie tachetée à la Diaz ou à la Monticelli, brun, rouge, rose, blanc, crème, noir, bleu myosotis et vert bouteille ; à travers la fenêtre barrée de fer, j'aperçois un carré de blé dans un enclos, une perspective à la Van Goyen, au-dessous de laquelle, le matin, je vois le soleil dans sa gloire."

Avril / Mai

Lundi 26
Sainte Alida

Mardi 27
Sainte Zita

Mercredi 28
Sainte Valérie

Jeudi 29
Sainte Catherine de Sienne

Vendredi 30
Saint Robert

Samedi 1
Fête du travail - Saint Joseph A.

Dimanche 2
Saint Boris

Mai

Jardin

Mai
*En mai, pichouno plueio,
Degun enueio.*
En mai, petite pluie
N'ennuie personne.

Installer les cyclamens et les azalées encore dans la maison à l'extérieur, à l'ombre. Après les Saints de glace (le dernier, la Sainte-Croix se fête le 6 mai), planter les annuelles et les vivaces non-rustiques (anthémis, géraniums-lierres, fuchsias) ainsi que les capucines, les solanums, les plumbagos. Semer les reines-marguerites, les immortelles, les belles-de-nuit directement en place. Faire des arrosages et des apports d'engrais réguliers sur les plantes en plein développement. Semer en place le basilic, l'aneth, la coriandre, le mesclun.
Repiquer les choux-fleurs et les céleris. Bouturer le thym, le romarin et l'origan. Planter des œillets d'Inde près des plants de légumes pour éloigner les nématodes. Supprimer les fleurs fanées des arbustes à floraison printanière. Arroser copieusement les camélias, les azalées, les rhododendrons avant et pendant la floraison. Tondre et arroser régulièrement les pelouses.

Fraise

Le 8 mai, fête de la Fraise à Velleron, village blotti dans le pays des Sorgues. On rougit de plaisir pour fêter Gariguette, Ciflorette, Mara des bois... les savoureuses fraises de Provence, fruits délicats mûris au soleil, gorgés de sucre et joliment présentés dans des barquettes, corbeilles ou paniers d'osier.
Leur parfum embaume l'air, les passants les dégustent, les enfants se barbouillent de leur jus écarlate...

Date

9 mai 1856 : ouverture du Casino Municipal, place Noailles à Marseille.
Il a coûté 100 000 F à Élie Fabre, le créateur du Café Turc. Au programme : répertoire marseillais et orchestre de qualité, le succès est immédiat.

Coccinelle

La coccinelle est consultée par les jeunes filles pour savoir qui choisir parmi leurs amoureux. Elles attribuent le nom de leurs soupirants à chacun de leurs doigts, posent une coccinelle sur le dos de leur main et disent :
*Catarineto de Bèucaire
Vai-t-en cerca moun calignaire !*
Coccinelle de Beaucaire,
Va chercher mon amoureux.
Le doigt sur lequel l'insecte se pose désigne le garçon dont la jeune fille sera amoureuse.

Belle de Mai

Le jeu de la Belle de Mai était un vestige des fêtes païennes en l'honneur de Flore. Une jeune fille vêtue de blanc, couronnée de fleurs et tenant dans chaque main un bouquet, trônait dans les premiers jours de mai sur un haut siège, pendant que ses compagnes quémandaient auprès des passants une obole en disant :
Dounas qu'aucarèn à la bello Maio, qu'a tant bono graci coume vous !

Donnez quelque chose à la belle de mai qui a si bonne grâce, comme vous !

Au début du XXe siècle, dans la plupart des villages, cette cérémonie se réduisait pour les fillettes à "jouer à la belle de mai", à faire la maio, vêtues de feuilles et de fleurs assemblées en couronnes et en colliers en enfilant le pédoncule de l'une dans le limbe de l'autre.

Ce jeu a aujourd'hui complètement disparu.

Mai

Lundi 3
Saint Philippe Saint - Jacques

Mardi 4
Saint Sylvain

Mercredi 5
Sainte Judith

Jeudi 6
Sainte Prudence

Vendredi 7
Sainte Gisèle

Samedi 8
Victoire 1945 - Saint Désiré

Dimanche 9
Fête de Jeanne d'Arc - Saint Pacôme

Mai

Sarriette

On appelle la sarriette herbe de Saint-Julien. Cette vivace pousse spontanément en Provence. Son aspect et son odeur rappellent le thym. Elle parfume délicieusement les salades, les sauces, les légumes et en facilite la digestion. On disait aussi qu'elle était aphrodisiaque (son nom viendrait du latin *satyrus*).

Cerise

Nous allâmes dans le verger achever notre dessert avec des cerises. Je montai sur l'arbre, et je leur en jetais des bouquets dont elles me rendaient les noyaux à travers les branches. Une fois, Mlle Galley, avançant son tablier et reculant la tête, se présenta si bien, et je visais si juste, que je lui fis tomber un bouquet dans le sein ; et de rire. Je me disais en moi-même : "Que mes lèvres ne sont-elles des cerises !"
(J.-J. Rousseau, Confessions.)

Les cerises sont un véritable fruit-plaisir ! Savoureuses et juteuses, plaisant aux enfants – les petites filles s'en font des boucles d'oreilles à croquer – comme aux grands. Elles sont en plus très riches en vitamines et possèdent des vertus thérapeutiques : leur chair écrasée et appliquée sur la peau tonifie l'épiderme, leurs queues macérées et consommées en tisane soulagent les voies urinaires, l'arthrite, les rhumatisme, la goutte, la grippe, la jaunisse. Et que dire des délices des cerises à l'eau-de-vie…

Cuisine

Feuilletés à la brandade
Pour 6 personnes :
2 pâtes feuilletées étalées toutes prêtes, 250 g de morue, 2 pommes de terre, 1 œuf, 25 cl de crème liquide, 2 gousses d'ail, 25 cl d'huile d'olive, 1 petit bouquet de persil plat, poivre.

La veille, faire dessaler la morue dans un récipient d'eau froide, changer l'eau plusieurs fois.
Bien rincer la morue sous un filet d'eau froide et la faire cuire 15 minutes dans une casserole d'eau juste frémissante. L'égoutter, la couper en petits morceaux en enlevant bien toutes les arêtes et les déposer sur du papier absorbant. Faire cuire les pommes de terre à l'eau bouillante pendant 30 minutes environ, les laisser tiédir puis les éplucher et les écraser grossièrement à la fourchette. Mélanger la morue, les pommes de terre, l'ail écrasé, le persil haché. Ajouter l'huile d'olive, la crème (après l'avoir fait chauffer), poivrer.
Dérouler une pâte feuilletée sur la plaque du four, y étaler la brandade (en laissant un peu de place en bordure) et mettre la deuxième pâte par-dessus. Bien coller les bords (mettre un peu d'eau si nécessaire) et faire cuire à four chaud (200°) pendant 30 minutes. Servir tiède.

Rubrique sportive

À Monteux, les pèlerins sont sportifs. Ils ont coutume d'honorer leur Saint patron, saint Gens, au pas de course ! Le 16 mai, ils sortent la statue du saint ermite de l'église du village et lui font faire à toute allure le trajet long de 15 km jusqu'à l'ermitage du Beaucet. Ils y arrivent le soir, passent la nuit dans la chapelle et repartent le lendemain tout aussi vite en ramenant la statue à son point de départ. Une course haletante en souvenir de la sécheresse qui sévissait sur le pays, jusqu'à l'intervention de Gens le solitaire qui amena la pluie bienfaisante.

Mai

Lundi
10
Sainte Solange

Mardi
11
Sainte Estelle

Mercredi
12
Saint Achille

Jeudi
13
Sainte Rolande

Vendredi
14
Saint Matthias

Samedi
15
Sainte Denise

Dimanche
16
Saint Honoré

Mai

Régate

Le 17 mai 1726, le chef des corsaires barbaresques, Chaban-Reis, avait surpris au mouillage dans l'île de Porquerolles un vaisseau du roi ; il captura trente-huit hommes mais le reste de l'équipage s'enfuit à terre. Le premier lieutenant, de Montlaur, revint avec un pavillon de parlementaire et fit au Barbaresque une proposition : les deux vaisseaux feraient une course autour de l'île, l'enjeu en serait pour M. de Montlaur la reddition de l'équipage resté à terre, et pour le Barbaresque la libération des trente-huit prisonniers et la restitution de sa prise. Ces conditions furent acceptées, mais Chaban-Reis exigea que le départ fut immédiat ; l'équipage resté à terre dut donc rejoindre son bord en courant et nageant. Le sens du parcours n'ayant pas été défini, le vaisseau français laissa appareiller le barbaresque et se lança dans la direction opposée. Chaban-Reis, croyant à une supercherie vira de bord pour poursuivre le vaisseau de M. de Montlaur. Le tour de l'île était presque achevé, M. de Montlaur avait conservé l'avantage. Les deux navires remontant au vent se trouvèrent faisant route l'un vers l'autre sous des amures opposées. Le vaisseau de M. de Montlaur étant bâbord amure, celui-ci monta sur la dunette et cria "bâbord amure" à son adversaire pour lui signifier qu'il allait abattre pour lui laisser le passage et donc la victoire. Mais il ignorait que cette expression correspondait au "Bab ar achmür" (écarte-toi) employé dans la marine barbaresque. Chaban-Reis, impressionné, vira de bord et la victoire revint à Montlaur.
Il souhaita donc qu'une course soit organisée chaque année selon les mêmes règles : départ donné les équipages étant à terre, sens du parcours laissé à l'initiative de chaque capitaine et bâbord amure prioritaire. Cette régate fut baptisée "Navigation à la course autour de l'Isle" jusqu'en 1793, date à laquelle elle fut nommée "Porquerolle's Cup" par les équipages de deux navires anglais.

Lunes

Nouvelle lune : il n'y a pas de lune, le ciel est noir. La partie de lune qu'on voit de la terre est dans l'obscurité.
Croissant de lune en forme de D : c'est la lune croissante (ou montante). Ce premier quartier de lune dure 7 jours et débute quelques jours après la nouvelle lune.
Pleine lune : la lune est ronde et pleine, elle est à la moitié de son voyage autour de la terre (14-15 jours), elle illumine la terre si le ciel est clair.
Croissant de lune en forme de C : c'est la lune décroissante (ou descendante), le dernier quartier, le croissant devient de plus en plus fin avant de disparaître.
La durée d'un cycle lunaire est de 29 ou 30 jours.

Fraises

Si vos fraises ne sont pas assez "goûteuses", pour en raviver la saveur ajoutez un peu de poivre fraîchement moulu, quelques feuilles de menthe ciselées ou un jus d'orange ou de citron.

Poème

Derrière nous le Lubéron, pareil au mont Hymette,
Bonnieux, étage du baiser, à mi-hauteur de l'inexorable ;
Sur le vieux chemin de la plaine, le prologue des amandiers.
    Novembre étonnait ton sommeil.
    Dans l'air torrentiel et blanc, je parlais de celui que nous allions voir.
            (G. Lévy,
            Le Château-Lyre.)

Mai

Lundi 17
Saint Pascal

Mardi 18
Saint Éric

Mercredi 19
Saint Yves

Jeudi 20
Ascension - Saint Bernardin

Vendredi 21
Saint Constantin

Samedi 22
Saint Émile

Dimanche 23
Saint Didier

Mai

Cuisine

Tarte aux fines herbes
Pour 6 personnes :
250 g de pâte brisée toute prête, 3 œufs, 125 g de fromage de chèvre frais, 10 cl de crème fraîche, 3 petits oignons frais, 20 brins de persil, 20 brins de cerfeuil, 10 brins d'origan, 10 feuilles de menthe, 20 feuilles de basilic, 30 g de pignons, 1 cuillerée à soupe d'huile d'olive, 10 g de beurre, sel, poivre.

Laver toutes les herbes, les essorer sur du papier absorbant et les hacher. Peler les oignons et les émincer finement. Étaler la pâte et en garnir un moule à tarte préalablement beurré. Faire chauffer l'huile d'olive dans une poêle, ajouter les oignons et les faire fondre à feu doux durant 5 minutes. Ajouter le mélange d'herbes et faire cuire encore deux minutes. Réserver. Mettre les 3 œufs dans un bol, ajouter la crème et bien mélanger. Saler, poivrer. Émietter le fromage frais dans un saladier, verser dessus le mélange œufs-crème et ajouter les herbes et les oignons. Fouetter le tout, incorporer les pignons et verser sur la pâte. Mettre la tarte à four chaud (200°) pendant 35 à 40 minutes. Ce plat peut se déguster en entrée ou en plat unique accompagné d'une salade verte parsemée de feuilles de basilic ciselées.

Dragon

À Tarascon depuis les temps les plus anciens, le dimanche de la Pentecôte, la cérémonie gardait un caractère religieux ordinaire. Mais le lundi à midi, on allait chercher la Tarasque, monstre fait de cerceaux de toile peinte, en forme d'affreux dragon, avec une tête de taureau-lion, des pattes griffues, une queue écailleuse plusieurs fois recourbée et surtout une effroyable gueule béante à plusieurs rangées de dents. Douze hommes portaient la Tarasque au moyen de poignées. Un treizième se tenait sous la carapace pour animer ses mouvements effrayants. La Tarasque crachait des fusées par les narines et se livrait à des courses endiablées, renversant les gens, les brûlant avec ses serpenteaux. Après la dernière course, la Tarasque faisait trois sauts devant la statue de sainte Marthe.
(M. Provence, *Calendrier*.)

Colombe

Autrefois, le jour de la Pentecôte, on confectionnait un gâteau recouvert d'amandes, le "colombier", dans lequel on avait mis pour honorer le Saint-Esprit une petite colombe en guise de "fève".
On le dégustait en famille à la fin du déjeuner de la Pentecôte.

Sainte-Victoire

Cézanne peint la montagne Sainte-Victoire. "Un beau matin, lentement, les bases géologiques m'apparaissent, des couches s'établissent, les grands pans de ma toile, j'en dessine mentalement le squelette pierreux. Je vois affleurer les roches sous l'eau, peser le ciel. Tout tombe d'aplomb… L'assise géologique, le monde du dessin, s'enfonce, s'est écroulée comme dans une catastrophe ; un cataclysme l'a emporté, régénéré."

Mariage

Le 27 mai 1949, l'actrice américaine Rita Hayworth épouse le prince Ali Khan à Vallauris.

Mai

Lundi
24
Saint Donatien

Mardi
25
Sainte Sophie

Mercredi
26
Saint Bérenger

Jeudi
27
Saint Augustin de C.

Vendredi
28
Saint Germain

Samedi
29
Saint Aymar

Dimanche
30
Pentecôte - Saint Ferdinand

Mai   Juin

Jardin

Juin
Soulèu de jun,
Rouino degun.
Soleil de juin,
Ne ruine personne.

Voici les jours les plus longs de l'année. Il faut arroser copieusement le matin et le soir. Poursuivre les rempotages. Traiter les arbustes contre les pucerons. Mettre à l'ombre les camélias en pots.
Il est encore temps de semer la belle-de-jour, la campanule, le souci et le zinnia car ces espèces fleurissent toute l'année.
Les rosiers sont en fleurs. Les arroser abondamment. Éclaircir les boutons et couper les fleurs fanées. Tailler les rosiers remontants pour avoir une floraison plus tardive.
Tailler les arbustes, les buis en cônes, en pyramides. Renouveler les plantations des massifs défleuris. Enlever de terre les narcisses, jacinthes, renoncules, les faire sécher à l'ombre dans un endroit bien sec et aéré.
Récolter les dernières fraises.
Arroser fréquemment et tondre régulièrement le gazon.

Crieurs

Jusqu'à la Monarchie de Juillet, Marseille avait ses crieurs de nuit, qui commençaient leur tournée, en toute saison, à onze heures du soir. Ils faisaient toutes les heures, une ronde dans leur périmètre et annonçaient l'heure et le temps. Leurs cris réguliers rassuraient les habitants et contribuaient à la sécurité de la ville. (A. Bouyala d'Arnaud, *Évocation du Vieux Marseille*, Éditions de Minuit.)

Résidence impériale

Le promontoire du Pharo (dominant le Vieux-Port de Marseille) était autrefois appelé la Tête de More. C'était un plateau rocheux sur lequel ne poussaient que des joncs et des herbes marines ; quelques guinguettes y étaient installées. C'est là aussi que les condamnés militaires étaient passés par les armes.
Le nom de Pharo appartenait à l'anse qui fait suite, à l'ouest, à la Tête de More. Le "Farot" était la butte qui séparait cette anse de la pleine mer et sur laquelle se trouvait une vigie, mentionnée au XIVe siècle.
Quand Louis-Napoléon, prince-président, vint à Marseille en 1852, il fut conduit sur la Tête de More. Devant le spectacle de la rade, du port et de la ville, l'illustre visiteur manifesta le désir d'avoir une résidence à cet endroit. "J'ai toujours désiré, aurait-il dit, avoir une habitation où j'aurais les pieds dans la mer...".
Les pieds dans la mer et la tête dans les nues, c'était tout un programme !
La municipalité, se rappelant ce désir, et pour témoigner sa reconnaissance au prince qui avait pris en main la cause de Marseille dans la transaction laborieuse des terrains du Lazaret, acheta la Tête de More et l'offrit à Louis-Napoléon pour y bâtir la résidence dans laquelle il pourrait avoir "les pieds dans la mer". Ce don fut accepté et en deux ans (1858-1860), un palais sortit du rocher sur les plans de l'architecte du Louvre, Lefuel, aidé d'un architecte suisse, Vaucher.
(A. Bouyala d'Arnaud, *Évocation du Vieux Marseille*, Éditions de Minuit).
Le château du Pharo ne fut jamais habité par le prince Louis-Napoléon, devenu Napoléon III.

Mai / Juin

Lundi 31
Lundi de Pentecôte- Sainte Perrine

Mardi 1
Saint Justin

Mercredi 2
Sainte Blandine

Jeudi 3
Saint Kévin

Vendredi 4
Sainte Clotilde

Samedi 5
Saint Igor

Dimanche 6
Trinité - Fête des Mères

Juin

Outils

L'apprenti jardinier doit connaître quelques règles de base dont celle-ci : pour jardiner, il faut de bons outils. Quels sont-ils ?
Deux bêches, une plate, la pelle-bêche et une fourchue, la fourche-bêche. La première sert à faire les trous avant de planter et à retourner la terre légère. La seconde est utilisée pour les terrains lourds.
Deux râteaux, un grand qui permettra de ratisser les grandes surfaces et les allées, et un plus petit pour griffer la terre avant de réaliser les semis.
Une binette avec une partie plate pour couper les mauvaises herbes d'un coup net et faire craquer la petite couche croûtée du sol pour en réduire l'évaporation (on se souvient du dicton : un bon binage vaut deux arrosages), et une partie pointue pour faire les sillons du potager.
Un bon sécateur.
Un plantoir - à manche en bois pour bien le prendre en main – qui servira pour planter (et déplanter) les bulbes et les annuelles.
Une brouette, véritable amie du jardinier, pour tout transporter en ménageant le dos. Évitez de la prendre en bois, c'est plus joli mais aussi beaucoup plus lourd !
Une tondeuse à gazon, à moteur dès que la surface à tondre dépasse les 100 m².
Et encore, de la ficelle, du raphia pour accrocher les plantes grimpantes, les tomates du potager.

Vache

En Camargue, une fois par an au mois de juin, une vache avait le droit d'errer librement dans les rues et d'entrer dans les maisons. Les maisons ainsi visitées avaient du bonheur toute l'année, surtout si la vache y avait laissé quelques excréments.

Vin

Les coteaux du terroir de Nice abritent quelques arpents de vigne qui produisent un vin rare et très apprécié des connaisseurs, le vin de Bellet. Les premiers ceps auraient été plantés par les Phocéens au IIIe siècle avant J.-C. Cultivé en terrasses et profitant des courants d'air marin et alpin et d'un ensoleillement exceptionnel, le vignoble produit des vins rouges, rosés et blancs délicatement parfumés d'appellation d'origine contrôlée.

Tremblement de terre

De Vintimille à Marseille, l'onde sismique a secoué toute cette belle Côte d'Azur. Le littoral est resté indemne ; Montpellier et Perpignan, fortement secoués, n'ont pas souffert, mais, entre Marseille et Avignon, plusieurs villages ont été complètement détruits. En voyant les toits enlevés, les murs éventrés, les églises renversées, on frémit à l'idée des ruines colossales que l'on aurait pu avoir à déplorer si le mouvement s'était propagé. L'oscillation principale, qui s'est fait sentir le 11 juin à 9 heures 16 minutes du soir, a duré six secondes, suivi d'oscillations fort légères. C'est la partie montagneuse du département des Bouches-du-Rhône située au nord de l'étang de Berre, entre Aix et Salon, qui paraît avoir été le centre de la secousse. Les villages de Rognes et de Vernègues sont en ruines ; Lambesc et Saint-Cannat sont particulièrement éprouvés ; à Salon même les dégâts sont importants. Il est à remarquer que la zone la plus atteinte borde le volcan éteint de Beaulieu. On compte une soixantaine de morts. (*L'Illustration*, 1909.)

Juin

Lundi 7
Saint Gilbert

Mardi 8
Saint Médard

Mercredi 9
Sainte Diane

Jeudi 10
Saint Landry

Vendredi 11
Saint Barnabé

Samedi 12
Saint Guy

Dimanche 13
Fête-Dieu - Saint Antoine de Padoue

Juin

Fromage

Le véritable banon est un fromage au lait de chèvre ou de brebis, caillé à la présure et séché en cave. Lorsqu'ils sont secs, les fromages sont lavés au lait chaud, à l'alcool puis au sérum, puis enveloppés dans des feuilles de châtaignier. On les laisse reposer encore pendant deux mois dans des pots de terre cuite avant de les consommer. Les banons ont un goût frais, légèrement acidulé et sont souples au toucher lorsqu'ils sont arrivés à maturité.

Mots de Marseille

Bouléguer : bouger, être secoué.
Une bougnette : une tache.
Brave : caractérise quelqu'un de gentil, doté d'un naturel aimable et non quelqu'un de courageux.
Une cagole : une fille vulgaire.
Un càcou : un garçon vulgaire, un petit voyou.
Châler : transporter quelqu'un sur le porte-bagage d'un deux roues.
Un couffin, un cabas : un panier à provisions.
Etre ensuqué : être endormi, être un peu "ralenti".
Etre esquiché : être serré, comprimé, "Dans le bus, on était esquiché comme des anchois".
Fada : désigne une personne un peu demeurée, bête, mais le terme est plutôt gentil.
Méfi : attention !
Monter : pour parler de tout déplacement en dehors de Marseille, on monte à Cassis, on monte à Paris.
Moulon : beaucoup, un tas. "Y a un moulon de choses à faire".
Un pénéquet : un petit somme, une sieste.

Éléphant

En 218 avant J.-C., Hannibal, le général carthaginois en guerre contre Rome, arrive à Caderousse, aux bords du Rhône, avec son armée, constituée de 50 000 hommes, 10 000 chevaux et 37 éléphants. Pour traverser le fleuve, il fait construire des radeaux. "On commença par en joindre deux, ayant chacun cinquante pieds de large, et par les fixer fortement au rivage. À ces deux premiers, on en réunit d'autres semblables qu'on poussa en avant sur la rivière. Mais, comme il était à craindre que la rapidité du Rhône n'emportât tout cet assemblage, on l'assujettit du côté qui était exposé au courant par des câbles qu'on amarra aux arbres du rivage. Lorsque cette espèce de pont fut amenée à la longueur de deux pheltres (170 pieds), on attacha à son extrémité deux autres radeaux beaucoup plus grand et d'une meilleure construction (...). On couvrit tout cet ouvrage de terre et de gazon pour offrir aux éléphants un aspect semblable au chemin par lequel ils devaient arriver. On plaça à leur tête deux éléphants femelles qu'ils suivirent sans hésiter. Lorsqu'ils furent parvenus sur les deux grands radeaux avancés, on coupa les amarres qui les retenaient attachés aux premiers, et des bateaux les remorquèrent avec des cordes de l'autre côté du fleuve. Lorsque les éléphants sentirent le mouvement que les eaux imprimaient à leur chemin flottant, ils montrèrent de l'inquiétude et de l'effroi. (...) Il y en eut quelques-uns qui se précipitèrent dans les flots. On les crut perdus, mais élevant leur trompe au-dessus de l'eau pour respirer, ils arrivèrent sans accident sur la rive opposée." (Polybe)

Juin

Lundi 14
Saint Élisée

Mardi 15
Sainte Germaine

Mercredi 16
Saint J.-F. Régis

Jeudi 17
Saint Hervé

Vendredi 18
Saint Léonce

Samedi 19
Saint Romuald

Dimanche 20
Fête des Pères - Saint Silvère

Juin

Vin de sauge

Faire macérer 50 feuilles de sauge dans 3/4 de litre de bon vin blanc, rosé ou rouge, pendant 1 semaine. Filtrer et servir bien frais à l'apéritif. C'est un reconstituant très efficace mais n'en abusez pas !

Chaleur

Sant Jan fai fio
Sant Peire l'abro.
Saint Jean (24 juin) fait le feu, Saint Pierre (29 juin) l'embrase.
(C'est l'été, il fait chaud).

Sauge

La sauge est la reine des plantes médicinales. Elle est digestive, apéritive, tonique, soutient le cœur, active la circulation. En décoction, elle est efficace contre les maux de gorge, en onguent elle apaise les douleurs musculaires. Ses feuilles séchées et fumées soulagent les asthmatiques, infusées dans une tasse de lait chaud, elles "coupent" le rhume, brûlées dans la cheminée, elles désinfectent les pièces.

Date

23 juin 1772 : mariage de Mirabeau et d'Émilie de Covet-Marignane à l'église du Saint-Esprit à Aix-en-Provence.

Avion

Le premier Salon aéronautique de Marseille se déroula du 25 juin au 25 juillet 1927.

Fête

Fête de la Tarasque à Tarascon le dernier week-end de juin, avec défilé folklorique, abrivados et courses de taureaux.

Serpenteaux

Un usage immémorial à Aix veut qu'à la Saint-Jean, du moment que la nuit est descendue, ses rues muettes se remplissent d'éclats précédés de rapides lueurs qui se croisent en mille sens. La ville entre en feu. D'énormes et vagabonds serpenteaux, lancés par des centaines de mains, circulent dans la foule, qui s'ouvre et se referme, parcourent les façades, sont ramassés et relancés au feu par d'autres mains et, s'ils tombent dans quelque fontaine sextienne, ils y mugissent encore et, de leurs explosions rauques, rejettent une pluie d'eau loin de ses bords. Ce jeu dangereux mais attrayant par ses enivrements de feu et de poudre, va bien à l'étudiant. La foule masculine, car elle seule peut affronter la rue, est alors dans un étrange costume de bataille, leurs habits boutonnés au corps, la botte sur le pantalon, la casquette enfoncée sur le front, un sac de munitions dans l'une de leurs mains gantées, une mèche de corde dans l'autre, ils courent la ville resplendissante et retentissante de feux. (L. Méry). Cette tradition s'est arrêtée après la guerre de 1914-1918. La cruauté des véritables combats de la guerre avait dû éloigner la jeunesse de ces jeux dérisoires.

Cabanon

Le cabanon, c'est le bonheur du Marseillais, c'est là "où le petit peuple s'entasse le dimanche et les jours de fête : là vit, s'aime, chante, crie toute une famille. Ils vont à la mer, pêchent, ils mangent la bouillabaisse ou l'aïoli, ils jouent aux boules, ils font l'amour et font la sieste." (André Suarès, *Idées et Visions*.)

Juin

Lundi
21
Été - Saint Rodolphe

Mardi
22
Saint Alban

Mercredi
23
Sainte Audrey

Jeudi
24
Saint Jean-Baptiste

Vendredi
25
Saint Prosper

Samedi
26
Saint Anthelme

Dimanche
27
Saint Fernand

Juin

Paysans

Les paysans sont en général les plus laborieux et les plus nobles des hommes. Ils commencent un travail rude et fatigant dès la pointe du jour et continuent jusqu'à la nuit, quelquefois au clair de lune. La plupart des *mégers* ou des journaliers se nourrissent à midi de pain sec assaisonné d'une gousse d'ail ou d'oignon, et le soir d'une soupe de légumes frais ou secs suivant la saison, ou faite quelquefois de tranches de pain sur lesquelles ils versent de l'eau bouillante garnie d'un peu d'huile et de sel. Quelques-uns se régalent le dimanche d'un morceau de chèvre ou de mouton. Ce n'est que dans le temps où ils font des travaux forcés comme les moissons qu'ils sont mieux nourris. (*Bulletin du Vieux Marseille.*)

Sel

"À Bargème, Broves et la Roque-Esclapon dans le Var, dès que la fiancée a terminé sa toilette et qu'elle va partir pour la mairie et l'église, du sel est mis dans ses chaussures afin de la garantir des sortilèges ; c'est l'un des membres les plus autorisés de la famille, père, mère, parente rapprochée qui, de la main droite, prend quelques grains et, de la main gauche, les introduit dans la chaussure dont on chausse la fille aussitôt."
(Dergny, *Usages*). Le sel garantissait contre les mauvais sorts.

Villégiature

"L'hôtel avait une plage dorée étendue à ses pieds comme un tapis de prière. Dans la lumière du petit matin, l'image lointaine de Cannes, le rose et le crème des vieux remparts, les Alpes violettes barrant le seuil italien projetaient à travers le golfe leurs tremblants reflets qui vibraient au gré des ondes agitées par les plantes du bord de l'eau." (F. Scott Fitzgerald, *Tendre est la nuit*, Gallimard.)

Juillet

Plantes

Le basilic protège la tomate du mildiou. Des pots de basilic mis sur les appuis de fenêtres empêchent les fourmis de rentrer dans la maison.
Les pâquerettes enrichissent en calcaire les pelouses.
L'ortie protège des insectes et fortifie les plantes.

Cuisine

Beignets de feuilles de sauge
100 g de feuilles de sauge fraîche, 200 g de farine, 1 œuf, 25 cl de bière, huile.

Préparer une pâte à beignets (il faut qu'elle soit assez liquide) avec l'œuf, la farine et la bière. Tremper les feuilles de sauge dans la pâte et les faire frire dans de l'huile bien chaude pendant environ 1 min. Égoutter sur du papier absorbant, saler et servir à l'apéritif ou en entrée.

Monte-Carlo

"Un grand soleil d'été inonde les jardins, les terrasses : c'est le terre-plein féerique de Monte-Carlo. La mer infiniment bleue, aveuglante à cette heure du jour, comme un bouclier poli, déferle mollement au pied de l'hémicycle montagneux. Tout ce massif est gris dans le soleil, scintillant comme une poussière d'argent. Au centre des terrasses s'élève, très moderne, le casino de Charles Garnier ; et devant cette mer, sur ce fond de rochers, son architecture composite, surgissant d'une végétation tropicale, évoque un songe d'Orient." (Paul Mariéton, *La Terre provençale*, A. Lemerre.)

Superstition

Lou roussignou porto li boni novo,
Li marrido lou barbajan
Le rossignol apporte les bonnes nouvelles,
Le duc les mauvaises.
(La chouette est classé dans la catégorie des animaux maléfiques, créatures du diable.)

Juin — Juillet

Lundi
28
Saint Irénée

Mardi
29
Saint Pierre Paul

Mercredi
30
Saint Martial

Jeudi
1
Saint Thierry

Vendredi
2
Saint Martinien

Samedi
3
Saint Thomas

Dimanche
4
Saint Florent

Juillet

myosotis, pensées, pâquerettes, ancolies, giroflées, primevères...

Jardin

Juillet
Au mes de juliet,
Ni vèsto, ni courset.
Au mois de juillet,
Ni veste, ni corset.

Juillet est le mois des grandes chaleurs, donc des forts arrosages.
À partir de la mi-juillet, semer les myosotis, les pensées, les pâquerettes qui fleuriront au printemps prochain. Semer aussi les vivaces, les ancolies, les giroflées, les primevères des jardins. Palisser les arbres en espaliers. Planter les bulbes de lys blancs et de perce-neige. Continuer les soins aux rosiers : tailler les rosiers grimpants pour favoriser une deuxième floraison, supprimer après floraison les tiges des sujets sarmenteux. Faire des boutures de rosiers sauvages.
Cueillir les framboises et les groseilles.
Tailler les arbustes de printemps ayant fleuris en dernier : boules de neige, spirée. Arroser abondamment le gazon et l'ensemble du jardin.

Galère

Les galères construites à Marseille avaient une particularité : elles étaient dirigées par deux gouvernails ce qui facilitait grandement les manœuvres. Joinville racontait : "ces nefs de Marseille à deux gouvernaux qui sont attachés à deux tisons, si merveilleusement que sitost, comme l'on aurait tourné un roncin, l'on peut tourner la nef à destre et à senestre." Ces galères très rapides étaient appelées des "marsilianes". Avec de bons rameurs, elles atteignaient facilement les six milles à l'heures.

Pluie

Dans la plaine de Châteauneuf, près de Grasse, il y a sur une petite éminence une vieille chapelle appelée Notre-Dame du Brusq, qui existait déjà en l'an 1242. Jusqu'à ces dernières années, on allait de tous les villages voisins en grande pompe vers cette chapelle pour demander de la pluie en temps de sécheresse.
Dans ces processions, le Maire revêtu de son écharpe figurait au premier rang des habitants du village endimanchés et les dévots avaient soin de se munir de parapluies, car on affirmait que la cérémonie se terminait rarement à sec. (Bérenger-Féraud, *Survivances*.)

Costume

Le costume du paysan cossu de Basse-Provence se composait ainsi :
Chemise de toile fine blanche à manches longues.
Cravate noire en petit nœud.
Gilet de velours ou de soie fleuri.
Pantalon long de velours beige clair ou marron.
Taillole rouge ou bleue, autour de la taille.
Petit chapeau noir, rond, à calotte enfoncée et porté assez en arrière : le " frivole ".
Souliers de cuir noir. (C. Dubrana-Lafargue, *Le Trésor des danses provençale*.)

Mouches

Ni estíeu sènso mousco,
Ni ivèr sènso gèu.
Il n'y a pas d'été sans mouche,
Ni d'hiver sans gelée.

Juillet

Lundi 5
Saint Antoine-Marie

Mardi 6
Sainte Mariette

Mercredi 7
Saint Raoul

Jeudi 8
Saint Thibaut

Vendredi 9
Sainte Amandine

Samedi 10
Saint Ulrich

Dimanche 11
Saint Benoît

Juillet

Lavande

On note qu'il y a une fête de la Lavande à Valensole le 3e dimanche de juillet.
On programme une visite du musée de la Lavande à Coustellet. On y découvrira des alambics en cuivre rouge du VXIe siècle à nos jours et tout ce qui concerne l'art de la distillation. Des démonstrations de distillation à l'ancienne y ont lieu au mois d'août.
À Sault, on admirera le Jardin des Lavandes qui possède une belle collection de lavandes, plus de cent variétés.
Aux Thermes Digne-les-Bains, on se plongera avec délice dans des bains bouillonnants à la lavande et on appréciera les massages aux huiles essentielles.
Si on est sportifs, on pédalera au cœur des champs de lavandes du pays de Sault. On part de Sault (D 1 et D 942), on passe à Monieux (D 96 et D 943) puis à Saint-Jean et retour à Sault. Vingt-trois kilomètres parfumés à parcourir de début juillet à fin août, lorsque lavandes et lavandins sont en fleurs.

Aix-en-Provence

1948. L'été, le premier Festival. Les pontes glissent au Casino après le concert. Les fervents de nuits interminables et exquises dégustent les glaces napolitaines à la terrasse des Deux-Garçons. On retrouve J.-L. Vaudoyer environné d'essaims de jeunes grâces où brille son nom. On réclame des autographes sur les programmes aux écrivains et critiques, aux chefs d'orchestre, aux solistes. Il n'est plus d'heure de fermeture. Jusque parfois le petit matin, les terrasses connaissent la critique et les rires. La tradition se doit de durer. (M. Provence, *Le Cours Mirabeau*, Éditions du Bastidon, 1953.)

Repas des moissonneurs

Les moissonneurs faisaient leur cinq repas par jour : vers 7 heures le déjeuner qui était un anchois rougi par la saumure, écrasé sur le pain, avec un peu de sauce, vinaigre et huile dans un plat et des oignons rouges qui emportaient la bouche ; vers 10 heures, *lou grand bèure*, le second déjeuner qui était un œuf dur dans sa coquille avec un morceau de fromage. À 1 heure le dîner qui était une soupe et un plat de légumes cuits à l'eau ; vers 4 heures, le goûter, une grosse salade avec des chapons frottés d'ail, et le soir, le souper : viande de porc ou de brebis et une omelette à l'oignon nommée *meissouneno*. (…) C'était toujours une fête, une fête surtout quand on faisait la ronde autour du feu de la Saint-Jean. (F. Mistral, *Memori e raconte*.)

Talisman

Autrefois, pour se protéger du mauvais œil, nos ancêtres avaient coutume d'incorporer des talismans dans les murs de leur maison. Ce pouvait être un verre, un œuf, un galet vitrifié – la *pèiro veirenco* – une pierre émaillée, une "pierre de tonnerre", hache préhistorique en pierre polie. Ils ornaient aussi le linteau de leur porte pour éloigner les mauvais génies : morceau de miroir, pièce de faïence et, sur les cabanes camarguaises, fer à cheval, chouette ou chardon en forme de croix. Ils plantaient aussi un sorbier devant la maison car cet arbre était censé éloigner les mauvais esprits.

Juillet

Lundi 12
Saint Olivier

Mardi 13
Saint Henri Joël

Mercredi 14
Fête Nationale - Saint Camille

Jeudi 15
Saint Donald

Vendredi 16
Notre-Dame du Mont-Carmel - - Sainte Carmen - Sainte Elvire

Samedi 17
Sainte Charlotte

Dimanche 18
Saint Frédéric

Juillet

Marguerite

*Vers Santo-Margarido,
Longo plueio es maudicho.*
Aux environs de la Sainte-Marguerite (20 juillet),
Longue pluie est maudite.
(Il faut que le beau temps se prolonge car on redoute les orages qui ruineraient les moissons.)

Festival

Un Festival International du film aura lieu dans un proche avenir à Cannes. Sur ce festival, le plus important qui ait jamais été organisé, nous avons obtenu les précisions inédites que voici :
Les invitations ont été lancées à tous les pays producteurs de films et tous y seront représentés, ne serait-ce qu'en observateur. Nous connaîtrons ainsi, non seulement les films des pays gros producteurs, mais encore ceux des nations qui, de la Suède à l'Amérique du Sud, n'ont pu exporter. (...)
Il est prévu un train spécial qui emmènera invités et journalistes vers la Côte d'Azur. Comme on le voit, il s'agit d'une manifestation importante qui risque de créer un climat particulièrement favorable pour la France et surtout pour la Côte d'Azur. La municipalité de Cannes l'a déjà compris, elle a formé en son sein un comité spécial qui l'aidera moralement et même financièrement au succès du Festival. Nul ne doit ignorer les ressources cinématographiques de la région. Les grandes maisons américaines attendent elles-mêmes le 20 septembre prochain avec un grand intérêt. (J. B. Jeener, *Le Figaro*, 1946.)

Blé

Jadis, avant la moisson, les amoureux se rendaient discrètement dans les champs de blé. La jeune fille cueillait un épi, le mettait entre ses lèvres et l'offrait ainsi au garçon. On disait alors que celui-ci "cueillait le blé de lune", *lou blad de luno*, en échangeant un baiser avec la jeune fille. Les fiançailles étaient ainsi scellées.

Foire

Au XIIIe siècle, la plus grande foire d'Europe se tenait à Beaucaire au mois de juillet. Elle avait été créée par Raymond VI, comte de Toulouse, en 1217. Elle garda sa renommée jusqu'au XIXe siècle et elle accueillit certaines années plus de 300 000 visiteurs. Les marchands s'installaient le long des rives du Rhône, sur les larges allées bordées d'ormeaux et dans les rues de la cité, bruyante et animée. On y négociait vins, bijoux, étoffes, huiles, savons, cordages mais aussi cannelle, cacao, café, ânes et chevaux... Frédéric Mistral la célèbre ainsi dans son *Poème du Rhône* :

"À l'égard de Beaucaire en temps de foire,
Le grand Caire d'Égypte n'était rien !
On voyait tout, jusque fondre des cloches !"

C'est là aussi que les amoureux achetaient des bagues en verre filé qu'ils offraient à leurs fiancées. La fragilité du bijou était le symbole de la vulnérabilité de l'amour et des soins qu'il fallait en prendre.

Truc

Pour éviter que l'eau tache vos meubles en bois ciré, en absorber le maximum avec un chiffon ou une éponge puis frotter immédiatement l'endroit mouillé avec un bouchon en liège, en allant dans le sens du bois.

Juillet

Lundi 19
Saint Arsène

Mardi 20
Sainte Marina

Mercredi 21
Saint Victor

Jeudi 22
Sainte Marie-Madeleine

Vendredi 23
Sainte Brigitte

Samedi 24
Sainte Christine

Dimanche 25
Saint Jacques le Majeur

Juillet — Août

Cuisine

Tomates confites
Pour 6 personnes :
1,5 kg de tomates, 1 verre d'huile d'olive, 2 brins de thym frais, 3 gousses d'ail, sel, poivre, 1 cuillerée à café de sucre en poudre.

Laver les tomates, les inciser et les plonger quelques secondes dans de l'eau bouillante, les passer ensuite sous l'eau froide et en enlever la peau. Les couper en deux et les épépiner soigneusement. Faire chauffer le four (100°). Disposer les tomates sur la lèchefrite préalablement enduite d'une fine pellicule d'huile d'olive, faces coupées côté fond. Faire cuire pendant 1 heure, puis retourner les tomates, les arroser d'huile d'olive, saler, poivrer, parsemer de thym, saupoudrer de sucre, ajouter l'ail finement haché et remettre à cuire encore 1 heure. Lorsqu'elles sont confites, les retirer et les disposer dans un plat.

Provence

Déjà les oliviers, bornes bien réelles, sont apparus, ainsi que les stridulations des cigales passant par-dessus le bruit sourd du moteur. Même l'odeur caractéristique de la sève des pins surchauffés au soleil de Provence embaume mes narines. À moins que je ne fantasme ces senteurs trop signifiantes ? Elles me font irrésistiblement penser aux premiers baisers, aux premières girelles consentantes.
C'est un jour peu ordinaire, je reviens dans ma ville natale ! Je veux de la lumière plein… avec des ombres noires… du cagnard… le ressac de la mer, mon amie… le goût du sel sur la peau… l'arôme fort de l'ail mélangé à l'huile d'olive… l'odeur grasse des sardines cuisant sur leur lit de fenouil… et puis, la stridulation des cigales, pendant ma sieste, je veux…
(G. Del Pappas, *Libération* août 2002.)

Musée

Un grand Musée national des origines à Marseille qui hériterait des collections de préhistoire et d'anthropologie du musée de l'Homme de Paris ? Le lieu choisi ?
Le Palais Longchamp qui devait, dans un premier temps, devenir la Cité des arts, des sciences et… de l'eau… En effet, ce palais doit son existence à l'arrivée des eaux de la Durance captées et acheminées par un canal construit par l'ingénieur Franz Mayor de Montrichet pour alimenter la ville en eau. Les travaux débutèrent en 1839 pour se terminer en 1849. Cette réalisation fut un véritable exploit technique : 84 km de long pour le canal, 17 km de souterrains et 250 ouvrages d'art, une prouesse pour l'époque ! Quant au palais proprement dit, il fut construit par Henri Espérandieu à qui l'on doit aussi Notre-Dame de la Garde. Ce "palais d'opérette" témoin de l'architecture pompeuse du Second Empire avec ses galeries à colonnades et ses bassins, abritait en fait un incroyable château d'eau constitué de deux énormes citernes, magnifiques salles souterraines en pierres de taille sur deux niveaux, voûtées, aux arcades s'appuyant sur des piliers arrondis… plus de 20 000 m², vides aujourd'hui. En attendant, le palais abrite le musée des Beaux-Arts et le muséum d'Histoire naturelle.

Juillet　　　　　　　　　　　　　　　　Août

Lundi
26
Sainte Anne - Saint Joachim

Mardi
27
Sainte Nathalie

Mercredi
28
Saint Samson

Jeudi
29
Sainte Marthe

Vendredi
30
Sainte Juliette

Samedi
31
Saint Ignace de Loyola

Dimanche
1
Saint Alphonse

Août

Raisin

C'est le dimanche qui suit le jour de la Transfiguration (début août) qu'a lieu dans la cathédrale de Fréjus, une messe tout à fait exceptionnelle : une grappe de raisin, posée sur des sarments est apportée jusqu'à l'autel, son jus est pressé dans le calice et mélangé au vin de messe. Ce rite, qui se déroule à l'occasion de la fête du raisin est unique dans toute la chrétienté. L'origine de cette fête n'est pas connue, mais il est certain qu'elle se célébrait à Fréjus et aussi à Aix-en-Provence, dans la cathédrale Saint-Sauveur, au XIIe siècle. Selon des textes toujours conservés à Fréjus, c'est le pape Jean XXII, au début du XIVe siècle, qui autorise par un indult tout spécial l'évêché de Fréjus à maintenir cette coutume. (...) À la sortie de la messe, en présence du prêtre, a lieu la danse de la Souche, selon un rite qui conserve encore quelques aspects de l'ancienne fête dionysiaque pré-romaine (...). Elle s'effectue sur le parvis de l'église autour d'un feu préalablement béni. Exécutée à l'origine par cinq danseuses, une à chaque point cardinal, la cinquième tenant un cep de vigne, elle est dansée aujourd'hui à treize, soit quatre groupes de trois danseuses qui représentent la Sainte-Trinité aux quatre coins du monde. Le cep, qui assurera une bonne récolte est jeté dans le feu par la treizième danseuse. (*Guide bleu Provence*, Alpes, Côte d'Azur, Hachette.)

Récolte

En août on récolte : li tartifle avousten, les pommes de terre d'août, li nose avoustenco, les noix d'août, li figo avoustenco, les figues, li pruno avoustenco, les prunes, li rabasso avoustenco, les truffes d'août.

Attaque

5 août 2002 : des braqueurs en trottinette attaquent une banque à Roquebrune-sur-Argens. Maniant l'explosif, ils font sauter le distributeur de billets et repartent carbonisés et bredouilles.

Vaisselle

Autrefois, la vaisselle était en étain ou en terre cuite, *terraio*. Les pêcheurs de la côte varoise utilisaient l'écorce de chêne-liège, la *fauco*, comme plats ou assiettes (aujourd'hui encore, dans de nombreux restaurants, les poissons sont présentés dans une écorce de liège). Le cuivre était rare et on l'utilisait pour les chaudrons à confitures, le *peirou*, ou pour la *cassetto* qui servait à prendre l'eau dans la jarre. Les grosses jarres ventrues venaient de Biot, village de potiers, la vaisselle pour la cuisine, le *tian* (plat à gratin), le *toupin* (pot à eau), la *bugadiero* (cuvette pour la lessive), la *dourgo* (cruche) venaient de Vallauris mais aussi de Salernes, d'Aubagne...

C'est à partir du XVIe siècle et surtout aux XVIIe et XVIIIe siècles que la faïence supplantera la terre cuite dans les maisons nobles ou celles des riches marchands, faïence de Marseille, de Moustiers, d'Apt.

Août

Lundi 2
Saint Julien Eymard

Mardi 3
Sainte Lydie

Mercredi 4
Saint Jean-Marie Vianney

Jeudi 5
Saint Abel

Vendredi 6
Transfiguration - Saint Octavien

Samedi 7
Saint Gaétan

Dimanche 8
Saint Dominique

Août

Sardinade

Sardinade à la minuscule calanque des Sablettes (…). Les pieds dans l'eau, nous regardons Marseille encore mourir et renaître. Bien après le coucher du soleil, et jusqu'à l'Estaque, la ville s'illumine d'un coup, un cœur qui se réveille. (…) La baignade dans la nuit est encore plus magique. À table, une femme brune entreprend ma girelle, en cassant du Parisien, se plaignant de l'inflation des appartements et leur imputant tous les maux. (…) L'antique cité est étrange de ce point de vue-là. Il y a tellement longtemps qu'elle accueille les populations de droite et de gauche, ou d'en face, que quelques Parigots-têtes-de-veau de plus ou de moins ne lui font pas peur. Et puis… c'est vrai qu'ici, on vient tous d'ailleurs ! Notre amour pour cette ville ne vient pas du sang, il vient d'un mystère… peut-être l'influence d'Artémis ! Nous continuons d'aller à la mosquée, au temple, à la synagogue, ou je ne sais quel culte païen, nous ne renions jamais nos véritables racines. Mais en très peu de temps, on se sent Marseillais. Va-t-en savoir ! C'est la magie de la ville ! (G. Del Pappas, *Libération* août 2002.)

Vocabulaire

Des engatses : des ennuis.
Une girelle : petit poisson de Méditerranée mais aussi une jolie fille.
Dégun : personne. "Nous, à Marseille, on craint dégun !"
Le cagnard : le soleil.
Un cafoutche : un placard et, par extension un endroit minuscule.
Sardinade : ventrée de sardines simplement grillées au barbecue, à déguster brûlantes avec un filet de citron ou d'huile d'olive.

Musique

Festival d'Aix, 15 août 1956 : "Une douzaine de séances, presque toutes consacrées à Mozart, et qui s'échelonnèrent sur une semaine. Un seul opéra Cosi fan Tutte, fut deux fois représenté. Les "happy-few" qui eurent le privilège d'assister à cette venue au monde gardent de ce festival à l'état d'esquisse un souvenir que le temps n'a pas émoussé. Ils revoient le coin de la cour de l'archevêché où sous de grands arbres et devant une gracieuse fontaine, le jeune Wakéwitch, alors presque inconnu, avait improvisé dans sa poésie et son intimité, un bout de parc à la Watteau, tandis que la troupe de Marisa Morel chantait comme en se jouant *Cosi fan Tutte*. (*Revue des Deux Mondes*.)

Cuisine

Tian de sardines
Pour 6 personnes :
3 douzaines de sardines, 1,5 kg de tomates, 4 oignons, graines de fenouils, huile d'olive, chapelure, sel, poivre.

Émincer les oignons et les faire fondre dans l'huile d'olive. Peler et épépiner les tomates, les couper en morceaux et les ajouter aux oignons. Saler, poivrer et faire cuire à feu doux jusqu'à ce que les tomates soient réduites en purée. Pendant ce temps, laver, vider et essuyer les sardines, leur couper la tête. Verser le mélange tomates-oignons dans un plat à gratin, poser les sardines dessus, saupoudrer de chapelure et faire cuire 10 min à four bien chaud (250°).

Août

Lundi 9
Saint Amour

Mardi 10
Saint Laurent

Mercredi 11
Sainte Claire

Jeudi 12
Sainte Clarisse

Vendredi 13
Saint Hippolyte

Samedi 14
Saint évrard

Dimanche 15
Assomption - Sainte Marie

Août

Château d'If

César, le premier, mentionne l'île d'If. Il y stationne avec ses galères avant d'attaquer Pompée et ses troupes.

Au XVIe siècle, l'île est sauvage et désertique. C'est François Ier qui s'aperçoit, lors d'un voyage à Marseille en 1516, de l'intérêt stratégique de l'îlot et décide d'y faire construire une forteresse. Il se fait conduire sur If mais quelle n'est pas sa stupeur lorsqu'il y débarque de voir un étrange animal broutant l'herbe (rare) de l'île. C'était le fameux rhinocéros offert par un maharadjah au roi du Portugal, lequel décida *illico* d'en faire cadeau au pape Léon X. Sur la route de Rome, le brave pachyderme avait fait escale sur l'île. Malheureusement, la fin de son voyage fut plus mouvementée, et c'est un rhinocéros empaillé qu'on apporta à Sa Sainteté !

La première pierre de la citadelle fut posée le 20 décembre 1524 et le fortin d'If fut achevé en 1531. Lorsque le roi revint à Marseille pour rencontrer Catherine de Médicis en 1533, les canons et les bombardes du Château d'If tonnèrent en son honneur mais ce fut l'unique occasion pour les Marseillais de les entendre. La forteresse sera transformée en prison en 1634.

Jardin

Août

Au mes d'avoust
Lou béure a bon goust.
Au mois d'août,
Boire est agréable.

La canicule se poursuit. Août est un mois d'arrosage, de binages et de sarclages.
Faire des semis d'herbes aromatiques, de mâche et de roquette.
Traiter les rosiers, si nécessaire, et leur apporter de l'engrais.
Enlever les tiges fanées des pois de senteur.
Faire des boutures de thym, sauge, marjolaine.
Mettre des tuteurs aux fleurs de grande hauteur : dahlias, roses trémières.
Continuer les arrosages abondants. Tondre, rouler, arroser les gazons.

Cité cosmopolite

Nice, Babylone méditerranéenne… la cité cosmopolite… Vingt peuples… des Russes, beaucoup de Valaques, beaucoup de Roumains, quelques Anglais, des Allemands, des Yankees, des majors portugais, des amiraux suisses, des frères siamois, des veuves du Malabar, des petites dames et des petits chevaux ; on trouve de tout… jusqu'à des Français. (Stephen Liegeard, *La Côte d'Azur*, 1888.)

Août

Lundi 16
Saint Armel

Mardi 17
Saint Hyacinthe

Mercredi 18
Sainte Hélène

Jeudi 19
Saint Jean Eudes

Vendredi 20
Saint Bernard

Samedi 21
Saint Christophe

Dimanche 22
Saint Fabrice

Août

Galoubet et tambourin

Le galoubet et le tambourin accompagnent toutes les danses provençales. Le galoubet est une petite flûte en bois d'olivier, de buis ou d'os que le musicien tient de la main gauche pendant qu'avec la droite, il tape sur le tambourin. Le tambourinaire tient son instrument dans le creux du bras grâce à un baudrier et le frappe avec la massette, petite baguette en bois joliment surmontée d'un gland d'ivoire. Des joueurs de tymbalons (petits tambours doubles), de fifres et de cymbalettes complétaient l'orchestre.

Cuisine

Caviar d'aubergine
Pour 8 personnes :
8 aubergines, 2 gousses d'ail, 150 g d'olives noires, huile d'olive, sel, poivre.

Laver les aubergines, les couper en deux dans le sens de la longueur et les faire cuire à four doux (140°) pendant une demi-heure environ (il faut qu'elles soient molles). Pendant ce temps, dénoyauter les olives et les mixer avec les deux gousses d'ail. Lorsque les aubergines sont cuites, les laisser refroidir, enlever la chair avec une petite cuillère et l'ajouter dans le bol du mixer. Hacher le tout bien finement, saler et poivrer. Verser l'huile d'olive en filet sans cesser de faire tourner le mixer comme pour une mayonnaise. Le caviar doit avoir la consistance d'une pommade. Servir avec des tartines de pain grillé.

Coq

Naguère en Camargue, il était d'usage à la fin des moissons de tuer un coq. La pratique était cruelle. À la fin du dépiquage, on lançait le "coq de la moisson" sur l'aire et on le tuait à coups de bâton. Toute l'équipe des moissonneurs le mangeait ensuite au mas. C'est de là que vient l'expression arlésienne "Aujourd'hui on tue le coq" pour signifier qu'un travail est terminé.

Frioul

On a retrouvé sur ces îles de la rade de Marseille des traces humaines remontant à l'âge du bronze. L'histoire de ces îles est mal connue. Cela tient probablement au fait qu'elles ont longtemps échappé aux autorités quand elles n'abritaient pas des ennemis. César y fit stationner ses galères pour assiéger Massilia qui avait choisi Pompée. Les navigateurs de toute la Méditerranée les utilisaient comme refuges, comme les croisés, et nombre de pirates y firent des raids. Le château d'If fut édifié en 1521 et, dès 1597, des forts qui en dépendaient furent construits sur Ratonneau. À cette époque, les herbages des îles étaient vendus aux chevriers par la municipalité. C'est à partir du XVIIe siècle que le Frioul commença à jouer un rôle important pour protéger Marseille des épidémies : les navires suspectés d'être infectés de peste étaient installés au port de Pomègues, où on bâtit une infirmerie en 1663, et on construisait des halles à marchandises sur Ratonneau. Le XIXe siècle vit la construction de la digue qui relie les deux îles, barrant ainsi lo frieul (le chenal, en provençal) qui a donné son nom à l'archipel. On y construisit aussi d'autres forts, où les régiments affectés à la garde de Marseille étaient installés jusqu'à l'occupation allemande. Craignant un débarquement allié, les Allemands voulurent transformer les îles en forteresses : ils édifièrent blockhaus, bunkers et casernements dont les friches se mêlent aujourd'hui à celle des anciennes fortifications. Les Alliés pour déloger l'occupant larguèrent plus de 700 tonnes de bombes. (M. Samson, *Le Monde* 2002.)

Août

Lundi 23
Sainte Rose de Lima

Mardi 24
Saint Barthélemy

Mercredi 25
Saint Louis

Jeudi 26
Sainte Natacha

Vendredi 27
Sainte Monique

Samedi 28
Saint Augustin

Dimanche 29
Sainte Sabine

Août   Septembre

Jardin

Septembre
En setèmbre,
Li rasin soun bon à pèndre.
En septembre,
Les raisins sont bons à pendre.

Quelles belles journées septembre nous offre ! Mais la fraîcheur commence à pointer le bout de son nez.
Modérer les arrosages.
Rempoter les plantes de serre, comme l'azalée, mises en pleine terre.
Mettre sous châssis les fleurs à bulbe comme la tulipe et le crocus.
Faire la transplantation des pivoines.
Faire des boutures d'œillets sauvages, de géraniums.
Tailler les plantes de bordure : le buis, le thym, le romarin.
Continuer les soins aux rosiers. Changer la terre des orangers.
Pour que les bougainvillées continuent à fleurir, ne pas trop les arroser

Plongée

Le club des "Sous l'eau", au nom plaisant, s'est ouvert à Saint-Raphaël. Son animateur est un officier de l'aviation maritime, le commandant Le Prieur. Le commandant Le Prieur est l'inventeur d'un appareil extrêmement simple grâce auquel il est possible de descendre sous l'eau, comme un scaphandrier, mais en conservant toute la liberté de ses mouvements pour la nage. Il a mis au point un dispositif qui lui permet d'emporter avec lui un appareil de prises de vues cinématographiques et il a réussi, il y a peu de temps à tourner le premier film sous-marin. (*L'Illustration*, 1935).

Bijoux

Les femmes se paraient de "dorures" (bijoux) pour agrémenter leur costume. Au XIXe siècle, elles aimaient particulièrement les croix. Il y en avait de toutes sortes : La "Dévote" ou "Jeannette", croix à sept diamants (souvent neuf), dont les cabochons se touchaient, celui du centre étant le plus gros et les autres allant en diminuant jusqu'aux extrémités ; la "Capucine", ornée de cinq cabochons très saillants ; le "Papillon", croix à cinq diamants avec décoration ajourée ou filigranée, formant un losange étincelant ; la "Maintenon", grosse croix formée de six cabochons, alternant avec des petits diamants et la "Maltaise", bijou spécial à Arles, inspiré de l'insigne des Chevaliers de Malte, croix de Malte d'or ou d'émail blanc, rehaussée de diamants, toujours suspendue à un ruban de velours noir. Enfin, en pendeloque, le "Saint-Esprit", colombe rehaussée de diamants attachée à une chaîne. (d'après F. Benoit, *La Provence et le Comtat Venaissin*, Aubanel.)

Mots marseillais

Des rataillons : des restes.
La pile : l'évier (à l'origine taillée dans de la pierre de Cassis).
La pièce à frotter : la serpillière.
Galéjer : plaisanter.
Une estrasse : un vieux chiffon et par extension des habits sales, vieux.
Estoufadou : quelque chose de lourd, d'indigeste.

Août   Septembre

Lundi
30

Saint Fiacre

Mardi
31

Saint Aristide

Mercredi
1

Saint Gilles

Jeudi
2

Sainte Ingrid

Vendredi
3

Saint Grégoire

Samedi
4

Sainte Rosalie

Dimanche
5

Sainte Raïssa

Septembre

Mécène

Située tout en haut du parc Saint-Bernard à Hyères, la Villa Noailles fut bâtie par l'architecte Robert Mallet-Stevens en 1923 pour le couple de riches mécènes amateurs d'art moderne Charles et Marie-Laure de Noailles. Parallélépipède de cubes de béton superposés, elle constitue un rare et exceptionnel exemple de l'architecture moderniste des années 1920. Nombreux en effet, furent les décorateurs et artistes amis du couple qui participèrent à sa décoration, Pierre Chareau, Eileen Gray, Francis Jourdain mais aussi Cocteau, Stravinski, Man Ray, dans une atmosphère créative et fantasque. Rachetée par la municipalité en 1973, la villa est peu à peu rénovée et s'ouvre au public lors de festivals et d'expositions temporaires. "La petite maison dans le Midi" de Charles et Marie-Laure revit.

Au pied du vieux château médiéval en ruines, on flâne dans le parc Saint-Bernard, très beau jardin en terrasses qui fut aménagé avec talent par le vicomte de Noailles dans les années 1920 en prolongement de la villa. Aujourd'hui consacré aux espèces méditerranéennes et subtropicales, il offre le charme de ses oliviers, de ses terrasses fleuries et domine Hyères, offrant une vue superbe sur la baie et les îles d'Or. Quant au joyau, l'étonnant jardin cubiste créé en 1926 par Guévrékian, magnifiquement restauré, il joue sur l'alternance des formes, triangles, damiers, et se termine, d'une manière impromptue en pointe sur l'horizon.

Fête

La corporation des calfats célébrait sa fête en l'honneur de Notre-Dame de Pitié le 8 septembre à l'église Saint-Laurent à Marseille. Au XVIIIe siècle, elle occupait la première place dans les processions ; cette faveur lui avait été accordée par Mgr de Belsunce en remerciement de son dévouement pendant la peste de 1720.

Excursion

Des Goudes ou de Callelongue (près de Marseille), on accède aux petites calanques du massif de Marseilleveyre par l'ancien sentier des douaniers qui suit la côte. On monte jusqu'au sommet de Marseilleveyre (432 m) d'où l'on jouit d'un superbe panorama sur Marseille, la rade, les îles, la chaîne de l'Étoile, le Garlaban et la Sainte-Baume.

Costume

Les prud'hommes représentant des pêcheurs de Marseille avaient deux costumes. Celui pour rendre la justice se composait d'un manteau avec rabat et d'un petit chapeau de velours. Celui pour les cérémonies comportait un corset, des hauts de chausse, une élégante fraise, un petit manteau avec manchettes, une toque de velours noir et une grande cape à mettre sur les épaules, la pertuisane.

Dicton

En setèmbre, se lou vege flouris,
Lou rasin s'amaduro e lou païsan ris.
En septembre, si l'osier fleurit,
Le raisin mûrit et le paysan rit.

Septembre

Lundi
6
Saint Bertrand

Mardi
7
Sainte Reine

Mercredi
8
Nativité Sainte Vierge - Saint Adrien

Jeudi
9
Saint Alain

Vendredi
10
Sainte Inès

Samedi
11
Saint Adelphe

Dimanche
12
Saint Apollinaire

Septembre

Cuisine

Soupe des vendangeurs
Pour 12 personnes :
1 kg de carottes, 5 pommes de terre, 4 tomates pelées et épépinées, 6 poireaux, 250 g d'épinards, 150 g de navets, 1/2 chou vert, 1 belle branche de céleri, 1 gousse d'ail, 1 feuille de laurier, 1 branche de thym, 1 petit bouquet de persil, 500 g de lard, 12 saucisses de ménage, eau, sel, poivre.

Éplucher, laver et couper tous les légumes en morceaux. Les mettre dans une grande marmite avec le lard et couvrir d'eau. Saler, poivrer, ajouter le thym, le laurier, l'ail et le persil. Couvrir et porter à ébullition. Baisser le feu et faire cuire 2 heures environ à petit feu. Une demi-heure avant la fin de la cuisson, ajouter les saucisses (après les avoir piquées avec une fourchette pour qu'elles n'éclatent pas). Servir avec des tranches de pain de campagne grillé.

Mûrier

Originaire de Chine, le mûrier aurait été introduit en France durant le règne de Louis XI. Les premiers plants furent cultivés près de Montélimar. Plus tard, Henri IV envoya Olivier de Serres et le surintendant général des jardins en Provence pour qu'ils en rapportent plusieurs milliers de pieds qu'ils plantèrent à l'Orangerie des Tuileries. C'est ainsi que se développa l'élevage des vers à soie pour la fabrication de la précieuse étoffe.

Repas de paysan

Au mas, durant les vendanges, l'atmosphère est joyeuse même si le travail est dur. À midi, on allait déjeuner sous les arbres ; nous avions pour chaise la terre, la besace pour table, une tranche de pain pour assiette, un beau filet de hareng qui nageait dans l'huile, avec des oignons et des poireaux pour l'écraser. Comment voulez-vous qu'on ne fut pas joyeux ? Comment ne pas se lécher les doigts jusqu'au bout des doigts ? (B. Bonnet) Frédéric Mistral raconte que, dans le Var, on mangeait le *saussaie* "espèce de sauce faite de noix ou d'amandes pilées, auxquelles on ajoute quelques gousses d'ail, un anchois, de l'huile, du verjus et beaucoup d'eau. Les paysans des environs de Grasse trempent leur pain dans ce ragoût."

Port

Au Moyen Age, l'entrée du port de Marseille était défendue par une tour appelée tour Maubert, puis tour du Port, à l'emplacement de l'actuelle tour Saint-Jean, construite par le roi René. Une autre tour, dite tour Saint-Nicolas, existait sur la rive sud ; elle donna son nom au fort à la Vauban construit par Louis XIV en 1660.

La passe était fermée par une chaîne portée d'une rive à l'autre sur des madriers flottants. C'est cette chaîne qu'Alphonse d'Aragon emporta à Barcelone quand il prit Marseille en 1423. (A. Bouyala d'Arnaud, *Évocation du vieux Marseille*, Éditions de Minuit.)

Septembre

Lundi
13

Saint Aimé

Mardi
14

La Sainte Croix - Saint Materne

Mercredi
15

Saint Roland

Jeudi
16

Sainte Édith

Vendredi
17

Saint Renaud

Samedi
18

Sainte Nadège

Dimanche
19

Sainte Émilie

Septembre

Cuisine

Confiture de figues

Pour 4 pots de 500 g :

1 kg de figues marseillaise (grises), 750 g de sucre, 1/4 de litre d'eau.

Dans une bassine à confiture en cuivre (ou une casserole en inox), mettre le sucre et l'eau. Faire chauffer, et, lorsque le sirop fait de petites bulles, ajouter les figues. Laisser cuire 2 heures en écumant. Ranger les figues dans des bocaux et les recouvrir de sirop.

Truc

Pour que les manches en bois de vos outils de jardin soient lisses et doux sous la main, enduisez-les de savon de Marseille, frottez avec un chiffon pour que le savon comble bien toutes les petites aspérités.

Ménagerie

La vie au temps des papes d'Avignon (pontificat qui dura un siècle) était brillante. La cour de Clément VI était le rendez-vous de la noblesse. Fêtes, tournois, bals, représentations théâtrales s'y succédaient. On y rencontrait des savants, astronomes, des artistes, des poètes, des musiciens. Le pape avait une volière pleine d'oiseaux exotiques et des perroquets dans sa chambre.
Clément VII admirait la dextérité des jongleurs, cela le distrayait ; il était également amateur de vénerie et échangeait faucons et chiens de race avec le duc de Berry.
Jean XXII avait peuplé les jardins du palais des Papes de paons blancs. En 1324, il fit fabriquer une immense cage pour ses ours et des abris pour son lion et ses autruches. Plus tard, cette véritable ménagerie s'enrichit d'un chameau et de cerfs.
Benoît XII fit venir un lion de Sicile et deux molosses pour garder son château de Sorgues.

Courges

La fête de la Coucourde (courge en provençal) a lieu à Lauris tous les ans, le dernier week-end de septembre. On choisit les plus belles courges, on les creuse soigneusement, on perce l'écorce de cœurs, de ronds et de triangles et on essaie de gagner le concours de la plus belle lanterne. Ensuite on déguste la soupe de courge dans les rues du village et, le dimanche, on déambule sur le marché aux courges où paysans et jardiniers viennent exposer "leurs modèles les mieux carrossés" en attendant avec émotion le résultat du vote du jury qui élira la reine des coucourdes ! C'est la fête des cucurbitacées !

Mathieu

Pèr Sant-Matiéu,
Lou paure estiéu
Reçaup lou pèd au quiéu.
À la Saint-Mathieu (21 septembre)
Le pauvre été
Reçoit un coup de pied au cul.
(L'été est bien fini).

Septembre

Lundi
20

Saint Davy

Mardi
21

Saint Matthieu

Mercredi
22

Automne - Saint Maurice

Jeudi
23

Saint Constant

Vendredi
24

Sainte Thècle

Samedi
25

Saint Hermann

Dimanche
26

Saint Côme Damien

Septembre   Octobre

Pêcheurs

Au XVIIe siècle, la corporation des pêcheurs de Marseille était sagement administrée, sa situation financière était prospère. Tous les ans, le 29 septembre, elle se rendait en procession jusqu'à la petite chapelle Saint-Michel d'Eau Douce aux Goudes. Pour financer cette fête, les pêcheurs organisaient une loterie dont le prix était une chaîne d'argent. Cet objet était promené à travers les rues du quartier Saint-Jean (le quartier des pêcheurs derrière le fort du même nom) au son des tambourins et des galoubets pour inciter le public à venir nombreux acheter des billets.

Les pêcheurs étaient représentés par des conseillers prud'hommes. Leur pouvoir était considérable et ils n'hésitaient pas à faire pression sur le représentant du roi en levant des troupes. Mais ils savaient aussi les recevoir avec transports lorsqu'ils leur rendaient visite. Quand Louis XIII vint à Marseille en novembre 1622, les pêcheurs le conduisirent à la calanque de Morgiou (qui leur appartenait) où ils avaient organisé une pêche au thon. Armé d'un trident de vermeil, le roi attrapa adroitement quelques poissons sous les acclamations de la foule.

Vendanges

À la fin des vendanges, la charrette qui rapportait les derniers raisins au mas était décorée de feuillages et de fleurs.

Cuisine

Lapin au thym en papillotes
Pour 6 personnes :
10 morceaux de lapin (de préférence râbles ou cuisses), moutarde de Dijon, thym, huile d'olive, sel, poivre, papier d'aluminium.

Enduire chaque morceau de lapin de moutarde, saupoudrer de thym, saler, poivrer. Découper le papier d'aluminium en 10 feuilles, poser sur chacune d'elles un morceau de lapin, arroser d'un filet d'huile d'olive et fermer la papillote. Faire cuire 1 heure à four chaud (200°) ou sur les braises du barbecue en été.
Ce lapin est délicieux accompagné de pâtes fraîches ou de tomates à la provençale.

Peintre

Corot séjourna plusieurs fois en Provence. D'abord en 1834 puis, deux ans plus tard, en 1836. Installé à Avignon avec son ami le peintre Marilhat, ils se levaient à l'aube, travaillaient jusqu'à onze heures, déjeunaient "comme des diables", faisaient la sieste, puis repartaient travailler sur le motif jusqu'au soir. Mais ce qui les réjouissait particulièrement c'était le parfum de la cuisine provençale :

"Nous sentions l'ail à deux lieues à la ronde, mais quelles salades !"

Septembre   Octobre

Lundi
27

Saint Vincent de Paul

Mardi
28

Saint Venceslas

Mercredi
29

Saint Michel Gabriel

Jeudi
30

Saint Jérôme

Vendredi
1

Sainte Thérèse de Lisieux

Samedi
2

Saint Léger

Dimanche
3

Saint Gérard

Octobre

Jardin

Octobre

Quau semeno prouvé,
Emplisse lou granié.
Qui sème tôt,
Emplie le grenier. (Octobre est le mois des semailles).

Les jours raccourcissent nettement.
Rempoter les giroflées d'hiver, les primevères et les violettes.
Planter les vivaces qui ne craignent pas l'hiver, les chrysanthèmes et les bulbes à floraison printanière comme les giroflées jaunes, les pensées, les tulipes, les narcisses, les jacinthes.
Rentrer en serre les dahlias, les bégonias et les géraniums.
À la fin du mois, rentrer les arbustes plantés dans des pots en terre cuite.
Palisser les rosiers grimpants et couper les tiges mortes ou trop faibles.
Enlever les bois morts des arbres et arbustes.
Effectuer les dernières tontes des gazons.
Ratisser les feuilles mais ne les brûlez pas, elles enrichiront le tas de compost. Faire des trous et préparer la terre pour la plantation des arbres fruitiers.
Effectuer la dernière tonte des pelouses.

Saint

A Sant-Francés,
Semeno, pagés.
À la Saint-François (4 octobre),
Sème, paysan.

Dates

10 octobre 1799 : Bonaparte à son retour d'Égypte s'arrête à Aix. Il arrive au coucher du soleil et la municipalité au complet va l'accueillir sur le cours Sainte-Anne, actuel cours Gambetta. La ville est parée de guirlandes et de lampions. Bonaparte logera à l'Hôtel des Princes.

10 octobre 1857 : ouverture de l'Alcazar cours Belsunce à Marseille. Construit dans le goût mauresque et aménagé par Guinard, décorateur du théâtre Kahn à New-York, il peut accueillir 1 500 personnes et profite d'un jardin.

Pains

Il y avait le pain à *panoun*, généralement à trois têtes (Arles), dit aussi en *renguiero* ou en file (à Aix, *la tièro*) que l'on partageait en trois rations, la flûte ou *baneto* et la miche fendue, de forme rectangulaire, à deux bannettes, ainsi divisée pour être partagée par le milieu (Beaucaire, Aix et Marseille) ; la couronne *pèd de bioù* (pied de bœuf) évidée au milieu à Aix, mais pleine dans le Bas-Languedoc, sans compter les pains de fantaisie comme la fougasse, évidée à jour, le *coulas* ou le *graveto*, d'Aix, en forme de cravate ou de collier.
(F. Benoit, *La Provence et le Comtat Venaissin*, Aubanel.)

Octobre

Lundi 4
Saint François d'Assise

Mardi 5
Sainte Fleur

Mercredi 6
Saint Bruno

Jeudi 7
Saint Serge

Vendredi 8
Sainte Pélagie

Samedi 9
Saint Denis

Dimanche 10
Saint Ghislain

Octobre

Truc

Pour que vos poêlons, tians et autres plats en terre cuite résistent à la chaleur du four, frottez le fond avec une gousse d'ail trempée dans de l'huile d'olive.

Île

Un petit îlot charmant se trouve à quelques encablures du rivage marseillais, au large de l'anse de Maldormé, c'est l'île Degaby. Pour renforcer les défenses marseillaises, l'île fut dotée, en 1703, d'un fortin à la manière de Vauban et prit le nom d'île du Fort de Tourville. C'est à la Belle Époque qu'elle changea de nom pour prendre celui de la très belle Diane Degaby, vedette de music-hall, qui séduisit un industriel marseillais, M. Laval. Celui-ci l'épousa et lui offrit l'île en cadeau de mariage. Il fit transformer le fort en somptueuse résidence et le surmonta d'une croix, aujourd'hui disparue. Ce fut le rendez-vous luxueux de la gentry de l'époque : le marquis de Richebour, Léon Volterra, Gaby Deslys et le danseur Harry Pilcer, Siméon Flaissières sénateur-maire de Marseille, etc. Des pillards mirent la demeure à sac dans la nuit du mardi 11 octobre 1921. L'îlot fut ensuite revendu à un homme d'affaires qui voulait y installer un hôtel de luxe et un casino ! Il envisageait de relier l'île au continent par un téléphérique (ce qui lui fut refusé) puis par un tunnel avec funiculaire, mais il y renonça devant les innombrables difficultés administratives et l'énorme coût financier. L'un des derniers propriétaires fut un bijoutier parisien qui décida de transformer l'île en lieu de manifestations artistiques.

Chasse

Jadis, les Provençaux étaient très friands de petits oiseaux. Pour les chasser, ils se postaient dans la campagne dans des bories ou des *agachoun*. Ils chassaient aussi à la pipée, en imitant le cri de la chouette, à l'appeau, avec des oiseaux empaillés et au filet, les soirs d'hiver et de mistral, en rabattant de grands filets sur les branches basses des arbres. La nuit, on chassait l'alouette à la lanterne. (d'après F. Benoit, *La Provence et le Comtat Venaissin*, Aubanel.)

Roi

Au XVe siècle, la ville d'Aix-en-Provence prit un nouvel essor sous le règne du "bon roi René". Cultivé (il savait le grec, le latin, l'hébreu, l'italien), poète, musicien, il s'intéressait également aux mathématiques, à la géologie et rendit leur éclat aux jeux de la chevalerie. Il fut le principal artisan du relèvement de son comté. (J. Valbonne, *Villes de Provence*, Éditions du Sud.)

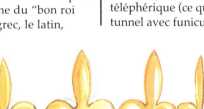

Octobre

Lundi 11
Saint Firmin

Mardi 12
Saint Wilfried

Mercredi 13
Saint Géraud

Jeudi 14
Saint Juste

Vendredi 15
Sainte Thérèse d'Avila

Samedi 16
Sainte Edwige - Saint Gaël

Dimanche 17
Saint Baudouin

Octobre

Cuisine

Galette de courgettes

Pour 4 personnes :
500 g de jeunes courgettes petites et bien fermes, 4 cébettes ou oignons nouveaux, 2 gousses d'ail, 2 œufs, quelques feuilles de menthe et de basilic, 3 cuillerées à soupe de lait, 2 cuillerées à soupe d'eau, 1 cuillerée à soupe d'huile d'olive, sel, poivre.

Laver les courgettes, les râper, hacher les cébettes, la menthe et le basilic et mélanger le tout. Ajouter l'ail pressé avec un presse-ail. Saler, poivrer. Dans un saladier, battre les œufs, le lait et l'eau. Y incorporer le mélange courgettes-herbes et mélanger. Huiler un moule à tarte et y verser la préparation (le moule doit être assez grand pour que l'épaisseur de la pâte soit d'environ 1 cm). Asperger d'huile d'olive et faire cuire à four chaud (200°) pendant 20 mn environ (la galette doit être dorée). Ce plat est délicieux en été simplement accompagné de salades sauvages.

Peintre

C'est à Ménerbes que Nicolas de Staël s'installe à l'automne 1953 dans une maison de pierres sèches perchée sur un roc, Le Castellet : "La lumière est tout simplement fulgurante ici, bien plus que je m'en souvenais (...)"

Fontaine

La première impression que j'ai, dans le temps, reçue de cette ville (Aix), lorsque j'y vins pour la première fois (...) fut, la nuit, ce bruit berceur et cristallin, vivant, mélancolique et mélodieux, de mille fontaines jasant et coulant sans arrêt dans leur vasque de pierre. On les entend avant de les voir. À peine a-t-on quitté l'une d'elles, jaillissant en fuseau au centre du bassin, retombant en jet de la gueule d'un dauphin ou d'un lion, sourdant d'un rocher moussu, ou décrivant une parabole de la bouche d'un masque rieur, le murmure de cette chanson accompagne vos pas à mesure que vous vous éloignez, et vous ne cessez de le percevoir que pour entrer à nouveau dans la zone musicale d'une autre fontaine.
(É. Henriot, *En Provence*, Plon.)

Tourisme

À la fin du XIXe siècle, la Riviera et Nice en particulier étaient, l'hiver, le lieu de villégiature favori des Anglais. "Toujours domine l'Anglais dans cette population flottante ; aussi peut-on affirmer que le commun des hivernants est obligé de subir les goûts des insulaires et de se soumettre à un régime tout à fait britannique. Celui qui ignore le law-tennis, ne fait pas de yachting, et n'entreprend pas des marches touristiques dans les montagnes est réduit à lézarder au soleil et finit par s'ennuyer." (A. Marx, *Rives bénies*, 1895.) C'est au début du XXe siècle et surtout à partir des années 1920 que les touristes, les Américains notamment, commencèrent à séjourner l'été à Nice comme Gould, Beaulieu comme Gordon Bennet, Monte-Carlo, Juan-les-Pins où ils menaient une vie de fêtes et de plaisirs.

Octobre

Lundi 18
Saint Luc

Mardi 19
Saint René

Mercredi 20
Sainte Adeline

Jeudi 21
Sainte Céline

Vendredi 22
Sainte Élodie - Sainte Salomé

Samedi 23
Saint Jean de Capistran

Dimanche 24
Saint Florentin

Octobre

Îles d'Or

Ce nom d'Iles d'Or aurait été donné aux îles de Porquerolles, Port-Cros et du Levant par Jean de Nostradamus. L'éclat brillant et doré que projette les roches de micaschiste explique vraisemblablement cette appellation poétique. D'ailleurs, en 1897, l'Académie du Var souhaitait que ce département (mal nommé puisqu'il emprunte le nom d'une rivière qui ne le traverse pas) soit désormais nommé département des Iles d'Or. (D'après É. Jahandiez, *Les Îles d'Hyères*, Laffitte Reprint.)

Miracle

Roseline, fille du comte Arnaud de Villeneuve et de Sibylle de Sabran naquit au château de Villeneuve, aux Arcs-sur-Argens. Son père, homme dur et sans pitié interdisait à sa fille d'aider les pauvres du village. Alors qu'un jour elle descendait du château, construit en nid d'aigle au XIIIe siècle, elle fut interceptée par son père qui lui demanda ce que contenait le panier qu'elle portait. Effrayée, elle répondit en tremblant "des roses" et quelle ne fut pas sa stupeur en découvrant que la nourriture qu'il contenait s'était effectivement transformée en roses ! Le miracle sauva la fille et confondit le père. Le corps de sainte Roseline, étonnamment bien conservé, repose dans la chapelle qui lui est consacrée à 4 km des Arcs. On peut y admirer des retables du XVIe siècle et des œuvres d'artistes contemporains, Chagall, Giacometti, Bazaine, illustrent la légende de la sainte.

Rues

Plusieurs rues furent détruites pour le percement de la rue Impériale (de la République) et le réaménagement du quartier de la Bourse à Marseille au XIXe siècle. Beaucoup portaient des noms pittoresques et charmants. Il y avait les rues de la Belle Marinière, de la Piquette (ancienne rue des Sarrasins car on y rencontrait des bohémiens), de la Tasse d'Argent, des Faisses (festons) Rouges, de la Lune Blanche, des Pucelles (où se trouvaient les meilleures auberges de la ville), la rue Pavé d'Amour (l'on y croisait des femmes galantes), des Trompeurs (anciennement des Trompadours, joueurs de trompe).

Neige

*P*èr *Sant-Judo e Sant-Simoun*
Li champ cargon lou mantèu blanc.
À la Saint-Jude et à la Saint-Simon (28 octobre)
Les champs mettent leur manteau blanc.
(Les premiers flocons de neige commencent à tomber.)
Curieux dicton pour la Provence qui, en général, conserve des températures clémentes jusqu'en novembre. Il devait se vérifier en Haute-Provence et dans les Alpes du Sud.

Octobre

Lundi
25
Saint Crépin - Sainte Doria

Mardi
26
Saint Dimitri

Mercredi
27
Sainte Émeline

Jeudi
28
Saint Simon - Saint Jude

Vendredi
29
Saint Narcisse

Samedi
30
Sainte Bienvenue

Dimanche
31
Saint Quentin - Saint Wolfgang

Novembre

Jardin

Novembre
Lou mes di Mort,
Vestisse-te bèn fort.
Au mois des morts,
Couvre-toi chaudement.

Le froid arrive, mais le travail continue au jardin.
Nettoyer les plates-bandes, le jardin potager et tous les espaces plantés.
Commencer à protéger les plantes qui craignent le froid avec des paillons ou des toiles d'hivernage.
Ajouter du compost au pied des rosiers.
Tailler les chrysanthèmes d'automne, après floraison, au niveau du sol.
C'est le bon moment pour planter les rosiers. Planter aussi les arbustes à feuillage persistant et les arbres fruitiers. Cueillir les châtaignes.
Mettre des tuteurs aux jeunes arbres.
Labourer les pelouses à renouveler. Par beau temps, aérer les serres.
Couper des branches de pommiers sauvages et d'hortensias pour décorer la maison.
Planter les bulbes de narcisses, de jacinthes ou d'amaryllis dans l'eau (dans des carafes spéciales) ou dans du gravier pour qu'ils soient fleuris à Noël.

Gros lot

7 novembre 1933.
Le premier gros lot de la Loterie nationale est remporté par un coiffeur de Tarascon. Il avait le billet 18414 de la série H et empoche 5 millions de l'époque.

Étoiles

Quouro en ivèr lis esterlin
Brihon forço,
Marco de fre.
Quand en hiver
Les étoiles brillent fortement,
Il va faire très froid.

Aliscamps

Nous prenons les Lices d'Arles, nous contournons les remparts, et, au clair de la lune, nous voilà descendant l'allée de peupliers qui mène au cimetière du vieil Arles romain. Et, ma foi, en entrant au milieu des sépulcres éclairés par la lune et des auges mortuaires alignées sur le sol, voici que, gravement, nous répétions l'admirable ballade de Camille Reybaud : – Les peupliers du

cimetière – Ont salué les trépassés, – As-tu peur des pieux mystères ? – Passe plus loin du cimetière ! (...) Le croirez-vous ? Soudain, d'une tombe béante, à trois pas de nous autres, une voix sombre, sépulcrale, nous fait entendre ces mots : – Laissez dormir ceux qui dorment ! Nous restâmes pétrifiés, et à l'entour, sous la lune, tout retomba dans le silence. Mathieu disait doucement à Grivolas : – As-tu entendu ? – Oui, c'est là-bas, dans ce sarcophage. – Cela ? Patron Gafet dit en crevant de rire, c'est un " couche-vêtu ", un de ces galiniero comme nous les nommons en Arles, qui viennent se gîter la nuit, dans ces auges vides. (F. Mistral, *Memori e raconti*.)

Rites mortuaires

Nombreux et divers étaient autrefois les rites autour des funérailles. À Arles, on mettait dans le cercueil du mort une pièce de monnaie, à Carry-le-Rouet, une bouteille de vin et une statue de la Vierge. Dans certains villages, pour la fête des Morts, on illuminait les cimetières de centaines de bougies. Les femmes ne suivaient pas le cortège funèbre et à Arles, elles revêtaient le *velet*, long voile de mousseline blanche, en signe de deuil.

Novembre

Lundi
1

Toussaint - Saint Mathurin

Mardi
2

Défunts - Saint Victorin

Mercredi
3

Saint Hubert

Jeudi
4

Saint Charles

Vendredi
5

Sainte Sylvie

Samedi
6

Sainte Bertille

Dimanche
7

Sainte Carine

Novembre

Chapeau

Au XVIIIe siècle, Marseille comptait environ 150 maîtres chapeliers. La fabrication des chapeaux occupait alors huit cents ouvriers et quatre cents ouvrières.
Le nombre de couvre-chefs confectionnés annuellement était de 360 000.
Leur principal client était l'île de Saint-Domingue, d'où ces produits marseillais se répandaient ensuite dans les colonies espagnoles.

Séjour royal

Hiver 1895. La reine Victoria séjourne pendant six semaines à Nice au Grand Hôtel de Cimiez qu'elle a loué entièrement pour 40 000 F pour se loger ainsi que sa suite qui comporte plus de soixante personnes. Elle est arrivé par train spécial.
"On attend la reine Victoria au cap Martin ; elle a loué tout l'hôtel plus deux villas ; elle arrive avec soixante-dix personnes dont les Hindous. Quel plaisir de voyager comme un cirque !"

Dicton

Chasque porc a soun Sant-Martin.
Chaque cochon connaît sa Saint-Martin.
(C'est l'époque où l'on tue le cochon pour l'hiver).

Pêche

La toulonique était "une forte canne de bambou dont le scion, épais, était prolongé par une tige de fil de fer portant l'empile et l'hameçon, le dit hameçon esqué d'une belle moule ou d'une piade. La tige de fer coudée à l'angle voulu, la toulonique était placée dans un trou de rocher. On prenait par ce biais des gàrris, petits poissons de la famille des mustellides à chair délicate, de très gros gobis, voire quelque belle rascasse." (L. Damonte, *L'Estaque*, Tacussel.)

Conversation

1893. Vollard et Cézanne discutent :
Vollard : "Il me semble que cela devait être d'un intérêt passionnant, les rencontres que l'on faisait chez Zola : Edmond de Goncourt, les Daudet, Flaubert, Guy de Maupassant, et tant d'autres."
Cézanne : "Il venait beaucoup de monde, en effet, mais c'était bien emmerdant, ce qu'on y entendait dire. J'ai voulu un jour parler de Baudelaire : ce nom n'a intéressé personne."
Vollard : "Mais de quoi s'entretenait-on ?"
Cézanne : "Chacun parlait du nombre d'exemplaires auquel on avait tiré son dernier livre, en mentant un peu, bien entendu. Il fallait surtout entendre les dames. Mme X… disait avec fierté et en défiant du regard Mme Z… 'Nous avons calculé, mon mari et moi, qu'avec les éditions illustrées et la Petite Bibliothèque, le dernier roman avait été tiré à trente-cinq mille exemplaires' – 'Et nous, disait Mme Z… en relevant le gant, nous sommes assurés pour notre prochain livre d'un tirage à cinquante mille exemplaires, sans compter l'édition de grand luxe…' Voyez-vous, monsieur Vollard, Zola n'était pas un méchant homme, mais il vivait sous l'influence des événements !" (Ambroise Vollard, *En écoutant Cézanne, Degas, Renoir*, Les Cahiers rouges, Grasset.)

Novembre

Lundi
8

Saint Geoffroy

Mardi
9

Saint Théodore

Mercredi
10

Saint Léon

Jeudi
11

Armistice 1918 - Saint Martin

Vendredi
12

Saint Christian

Samedi
13

Saint Brice

Dimanche
14

Saint Sidoine

Novembre

Cuisine

Daube provençale
Pour 6 personnes :
1 kg de bœuf (culotte ou gîte) coupé en morceaux, 1 gousse d'ail,
1 couenne de lard, 3 oignons,
4 poireaux, huile d'olive,
1 cuillerée à soupe de farine.
Pour la marinade : 1 verre de marc, 1/2 verre de vinaigre, 1 litre de bon vin rouge, 6 filets d'anchois, 4 carottes, 2 oignons, 2 gousses d'ail, 1 zeste d'orange, persil, thym, laurier, genièvre, sel, poivre.

Dans un grand plat en terre, disposer les morceaux de bœuf, les carottes épluchées et coupées en rondelles, les oignons émincés, les gousses d'ail, les herbes, le zeste d'orange et les filets d'anchois. Saler, poivrer, ajouter le vin et laisser mariner pendant toute une nuit. Le lendemain, disposer le lard dans le fond d'une cocotte. Couper les poireaux et les oignons en morceaux, émincer l'ail. Mettre alternativement une couche de légumes puis de viande dans la cocotte et mouiller avec la marinade filtrée. Faire cuire à feu vif puis, arrivé à ébullition, couvrir et laisser cuire 4 heures à feu doux. Juste avant de servir écraser les anchois de la marinade avec l'huile d'olive (4 à 5 cuillerées à soupe environ) et 1 cuillerée à soupe de farine, bien mélanger, ajouter un peu de jus de la daube et verser le tout dans la cocotte. Servir avec des pommes vapeur ou des grosses pâtes.

Galériens

Les galériens portaient un bonnet rouge. Mais, pendant la Révolution, on s'aperçut que le bonnet des patriotes, le bonnet phrygien, avait la même couleur ! La Convention décréta, que les galériens iraient désormais tête nue et dépêcha à Toulon un de ses commissaires qui fut chargé de "décoiffer" les forçats.
Quand un galérien, vieillissant, devenait invalide, il pouvait se faire remplacer et se libérer du bagne en achetant un Turc, mais si lui-même était Turc, il fallait alors qu'il en achète deux ! On coupait le nez et les oreilles aux forçats qui s'évadaient et qui étaient repris.

Expressions

Galère (chourmo en provençal, prononcez tchourmo, la chourmo = vie de galérien) a donné naissance à des expressions marseillaises imagées qui ont perdu l'aspect négatif de la "galère" pour évoquer la fraternité des bandes des cités ou d'ailleurs œuvrant de concert pour dépasser leur exclusion. Un membre de la tribu devient un chourmo ou une chourmette ! Et plus classiquement :
"Aller en galère" signifie "foutre le camp" en français de Provence.
"Envoyer en galère", c'est congédier sans ménagement.
"C'est galère" signifie c'est vraiment difficile (comme partout).

Dates

16 novembre 1613 : Alexis de Michaelis commande à Jacques Macadré un grand tableau pour mettre à l'autel de la chapelle qu'il fait faire dans l'église des Carmes à Aix-en-Provence. Le tableau devra être livré pour Pâques et sera payé 200 livres.
19 novembre 1849 : après plus de onze ans d'efforts, l'eau de la Durance est acheminée par un canal à Marseille, jusqu'à la colline Longchamp, sur laquelle la municipalité fait édifier un palais, pour célébrer l'art et la science.

Novembre

Lundi 15
Saint Albert

Mardi 16
Sainte Marguerite

Mercredi 17
Sainte Élisabeth

Jeudi 18
Sainte Aude

Vendredi 19
Saint Tanguy

Samedi 20
Saint Edmond

Dimanche 21
Présentation de la Sainte Vierge - Saint Gélase

Novembre

Olivades

C'est au mois de novembre que commence la cueillette des olives, *les olivades*. En Provence, on dit un verger d'oliviers, alors que l'on emploie le mot de plantation pour parler des champs d'amandiers ou d'abricotiers.

La cueillette s'effectue sur une échelle à trois pieds, *lou cavalet*, plus large en bas qu'au sommet. Elle est traditionnellement fabriquée en bois de saule, léger et solide. Les femmes portent un panier d'osier accroché à la taille tandis que les hommes le portent en bandoulière.

"En ce mois de novembre, qu'il est gai mon village de Mouriès, dans son luxe de vergers mollement étendus sur la pente méridionale des Alpilles à reflets bleus. De Barbentane, de Châteaurenard, de Noves, de Mollégès, des bourgs du Comtat, voisins de la Durance, sont accourues les gentes olivarelles, aux minois troussés prestement, accortes et délurées" (A. Frissant, 1889).

Les olivades donnaient lieu autrefois à de véritables fêtes.

"Le maître du champ, content de voir la récolte heureusement achevée, offrait sous les arbres de son olivette un festin d'aïoli à ceux qui lui avaient prêté leur concours. Dans les moulins de la Crau et des Alpilles, les propriétaires offraient une collation sous forme de larges tranches de pain de campagne imbibées d'huile d'olive, sur lesquelles on écrasait des anchois et de l'ail avant de les faire griller sur le feu." (D'après René Jouveau).

Dicton

Pèr Santo-Catarino,
L'oli es dins l'oulivo.
À la Sainte-Catherine (25 novembre),
L'huile est dans l'olive.
(Les olives arrivent à maturité, il faut les cueillir).

Port

Au XIXᵉ siècle, le Vieux-Port de Marseille produisait une odeur nauséabonde, c'était un véritable foyer d'infection. Il recevait tous les écoulements de la cité, sans compter les navires au mouillage qui déversaient détritus et excréments.

Plusieurs solutions furent envisagées, toutes étaient coûteuses et ni la ville ni l'État ne voulaient en assumer la charge. En 1850, l'arrivée des eaux de la Durance jusqu'à Marseille puis la construction des nouveaux ports de la Joliette améliorèrent un peu la situation. Mais le système de curage par bateau-dragueur – appelé familièrement la Marie-Salope – fut maintenu.

Clément

Pèr Sant-Clemènt,
L'ivèr met uno dènt.
À la Saint-Clément (23 novembre),
L'hiver prend une dent.

Borie

La (ou le) borie est la petite maison des champs, construite en pierres sèches et composée d'une seule pièce. Le paysan y range ses outils, y laisse ses vêtements de travail, ses sabots et le berger y dort de temps en temps, quand les travaux des champs ne sont pas terminés. La plupart du temps, la borie est isolée au milieu des champs ou dans la rocaille, mais parfois, comme à Gordes, on en trouve plusieurs regroupées en village et entourées d'une enceinte.

Novembre

Lundi
22
Sainte Cécile

Mardi
23
Saint Clément

Mercredi
24
Sainte Flora

Jeudi
25
Sainte Catherine

Vendredi
26
Sainte Delphine

Samedi
27
Saint Séverin

Dimanche
28
Avent - Saint Jacques de la Marche

Novembre   Décembre

Jardin

Décembre
L'ivèr es pas bas tard,
Se noun vèn d'ouro, vèn plus tard.
L'hiver n'est pas bâtard,
S'il ne vient pas de bonne heure, il vient plus tard.

Le jardin a pris son aspect hivernal. Continuer la plantation des arbres fruitiers et installer les dernières protections autour des plantes et des rosiers.
Ramasser dans le jardin de petites pommes de pins qui serviront à décorer le sapin de Noël et à faire des couronnes qui orneront la maison. Prélever des plaques de mousse bien vertes et épaisses pour garnir la crèche. Ratisser les dernières feuilles et finir le nettoyage du jardin. Nettoyer les outils et repeindre les chaises de jardin.

Brume

Fousco de colo,
Devino de molo,
Fousco de coumbau,
Devino de mistrau.
Brume de colline,
Signe de boue (il va pleuvoir),
Brume de vallon,
Signe de mistral.

Farce

En 1900, dans la nuit de la Sainte-Barbe, un joyeux luron, Jean de Pierrefeu, alla semer du blé dans la couronne de la statue du roi René ornant une fontaine du cours Mirabeau à Aix. Quel ne fut pas l'étonnement de toute la population, lorsque, le matin de Noël, elle découvrit la tête du roi décorée d'une abondante couronne de verdure !

Sainte Barbe

Le 4 décembre, jour de la Sainte-Barbe (Barbara), on sème des graines de blé ou de lentilles dans de petites soucoupes (*sietoun* en provençal) sur du coton.
C'était pour conjurer l'hiver, hâter le retour du printemps et augurer des futures récoltes que la terre gelée porte en elle que les Provençaux effectuaient jadis ce rite, qui remonterait à l'antiquité. Aujourd'hui, on maintient bienheureusement cette tradition mais on n'oublie pas d'arroser les graines régulièrement et de placer les soucoupes à la lumière pour que le blé pousse bien.
C'est aussi le moment de planter en pot ou dans des carafes les oignons de jacinthes, narcisses ou perce-neige et de couper des branches de cerisiers sauvages pour qu'ils fleurissent à Noël.

Truc

Pour conserver plus longtemps vos fines herbes coupées, enveloppez-les dans un torchon à peine humide et mettez-les au réfrigérateur.

Novembre   Décembre

Lundi
29

Saint Saturnin

Mardi
30

Saint André

Mercredi
1

Sainte Florence

Jeudi
2

Sainte Viviane

Vendredi
3

Saint François-Xavier

Samedi
4

Sainte Barbara

Dimanche
5

Saint Gérald

Décembre

Loto

Le caractère magique de ce jeu très ancien est encore facile à déceler puisqu'il se pratique encore presque exclusivement aux alentours de la Noël, c'est-à-dire au seuil de la nouvelle année. Gagner au loto était le signe que l'année serait favorable.

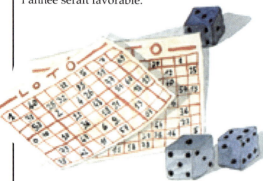

Ce jeu connaît toujours en Provence une grande faveur, mais l'appât du gain transforme de plus en plus en sec automatisme ce qui fut un joyeux divertissement après avoir été un rite magique. De nombreuses localités ont cependant conservé l'usage des escais *noum* (sobriquets) pour désigner la plupart des numéros et égayer la partie :
1 : *lou bidet* (l'as), *lou proumié de milo* (le premier de mille),
2 : *... coume de mèu* (doux... comme du miel),
3 : *lou gibous* (le bossu),
4 : *la leco* (le piège),
5 : *li cinq sardino* (les cinq sardines : les doigts de la main),
6 : *la mita de douge* (la moitié de douze),
7 : *la daio* (la faux),
8 : *la coucourde* (la courge). (C. Galtier, Le *Trésor des jeux provençaux*, Collection de Culture provençale.)

Ce jeu du loto a toujours lieu dans de nombreux villages de Provence. L'ambiance y est animée et les réflexions échangées sont imagées et savoureuses, témoignant du caractère bon enfant de cette manifestation.

Correspondance

1893. Renoir est en Provence. Il écrit à Berthe Morisot :"J'ai souvent pensé à vous. J'ai d'autant plus pensé à vous que, si vous vouliez voir le plus beau pays du monde, c'est ici : on a l'Italie, la Grèce et les Batignolles réunis, et la mer. Et quand vous voudrez faire une belle tournée pas chère, je vais vous en indiquer les moyens. (...) Les Martigues, la ville, la montagne, très jolie et accessible, les étangs et les maisons de pêcheurs, Saint-Mitre, l'Étang de Berre et (...) pour cinq ou six francs, le voiturier vous conduira à Saint-Chamas qui est la plus belle des merveilles. (...) Je crois que cette promenade est la plus belle qu'il soit possible de faire en France."

Vacances

Parfois je revenais m'ancrer pour la nuit au pied de la Tour Fondue, vieux château fort déclassé dont le chemin de ronde n'a plus d'autres sentinelles que la giroflée sauvage et les myrtes. C'est à la Tour Fondue que s'arrête l'autobus qui part d'Hyères et débarque sur le quai les passagers des îles. C'est là que, sur télégramme de Paris, mon bateau, La Chouette, venait parfois m'attendre, car la sortie en pleine mer y est plus rapide qu'à Toulon où les formalités administratives de la Marine de guerre et des Douanes retardent le navigateur pressé qui compte sur ses doigts ses jours de vacances... Au fond, les trois îles d'Hyères que le couchant endort dans une lumière carminée, ourlée de violet... (P. Morand, *Méditerranée, mer des surprises*, 1952.)

Décembre

Lundi 6
Saint Nicolas

Mardi 7
Saint Ambroise

Mercredi 8
Immaculée Conception - Sainte Elfried

Jeudi 9
Saint Pierre-Fourier

Vendredi 10
Saint Romaric

Samedi 11
Saint Daniel

Dimanche 12
Sainte Jeanne F. de Chantal

Décembre

Mandarine

Pour occuper les enfants, proposez-leur de faire des lumignons à mettre devant la crèche. On prend des mandarines, on garde la moitié de l'écorce, on fait bien attention à laisser intacte la "mèche" qui traverse le fruit et on met un peu d'eau et d'huile dans le fond. Il ne reste plus qu'à allumer la mèche le soir de Noël pour avoir des lumières douces et dorées.

Préparatifs

On approche de Noël, il est temps de faire la crèche. Les enfants sont impatients de partir en randonnée dans la campagne pour rapporter de pleins paniers de branchages, plaques de mousse humide et bien verte, touffes de thym qui feront de superbes forêts, brindilles d'olivier au feuillage argenté, petits cailloux pour les sentiers... On sort précautionneusement les santons de leur boîte, les maisons du village, le moulin dont on redresse les ailes, le petit pont un peu branlant mais d'autant plus vrai. Les enfants s'activent, dispose dans l'étable l'âne et le bœuf mais non ! pas encore l'Enfant-Jésus, ce sera pour le 24 décembre à minuit. S'il manque quelques santons, il est encore temps d'aller à la foire aux Santons pour racheter le chameau des Rois Mages qui a mystérieusement perdu sa bosse, le tambourinaire, la bouquetière si charmante avec son bouquet de violettes ou *Margarido* sur son âne que l'on n'avait pas encore...
On pense aussi aux décorations pour la maison. Des branches d'olivier tressées avec du romarin feront de jolies couronnes ou un chemin de table pour la table du Gros Souper. Des guirlandes de lierre agrémenteront la rampe de l'escalier et les bulbes de jacinthes et de narcisses qu'on a plantés il y a quelques semaines sont fleuris, ils seront parfaits et embaumeront la maison pour Noël.

Crèches marseillaises

Les crèches, théâtres mécaniques dont les personnages sont des automates plus ou moins bien articulés, et les pastorales, vrais mystères dont les personnages sont des acteurs plus ou moins habiles, rivalisent entre elles de hardiesse dans la création des anachronismes, mais chacun reste sur son terrain et cherche à faire de la couleur locale. Ainsi la crèche du quartier de nos pêcheurs exhibe le Saint-Roch (bateau de l'Intendance sanitaire) qui va annoncer la naissance du Messie aux vaisseaux en quarantaine aux îles de Pomègues et de Ratonneau. La pastorale du quartier de la gare Saint-Charles fait arriver les Rois Mages à Bethléem en chemin de fer miniature.
La crèche voisine de la Canebière et de la rue Paradis, centre de notre industrie, montre le palais de l'Exposition Universelle.
Crèches et pastorales, si elles ont chacune un caractère particulier et distinctif, se rapprochent pour démentir le reproche d'incivilité adressé à notre peuple puisque, par une tradition constamment observée, le français y est réservé aux habitants des cieux, aux purs esprits, aux anges, tandis que le provençal est abandonné aux humbles habitants de la terre.
(*Almanach du Petit Marseillais*, 1870).

Décembre

Lundi
13
Sainte Lucie

Mardi
14
Sainte Odile

Mercredi
15
Sainte Ninon

Jeudi
16
Sainte Alice

Vendredi
17
Saint Judicaël - Sainte Tessa

Samedi
18
Saint Gatien

Dimanche
19
Saint Urbain

Décembre

Bûche

À Noël, on doit faire brûler dans la cheminée une grosse bûche d'arbre fruitier, poirier, cerisier, olivier mais surtout pas de figuier, car son bois brûle mal et porte-malheur. Ce *cacho-fio* devait durer trois jours. On l'allumait jadis le soir de Noël et le grand-père ou le plus jeune enfant la bénissait en l'aspergeant avec un rameau d'olivier trempé dans du vin.
Si le feu partait bien, c'était un heureux présage pour l'année à venir, le "feu nouveau" symbolisant le joyeux "retour" du soleil et l'accroissement de la durée des jours après le solstice d'hiver.

Noël

Le soir de Noël (*Nouvè*), pour le Gros Souper, on dispose sur la table trois nappes blanches l'une sur l'autre (une pour le Père, une pour le Fils, une pour le Saint-Esprit), et l'on y dépose trois bougies et les soucoupes de blé de la Sainte-Barbe qui a poussé bien vert et dru. La cheminée est prête à accueillir le *cacho-fio*, la bûche. On met autant de couverts que de convives plus un pour le pauvre ou l'ami isolé qui peut être invité au dernier moment. Une fois le Gros Souper terminé, la table n'est pas desservie, on relève simplement les coins de la nappe, pour permettre aux âmes des morts, aux petits anges, de venir se restaurer.

Bon roi

Dans les dernières années de sa vie, quand il fut dépossédé de la Lorraine, de l'Anjou et de Naples, le roi René vint vivre en Provence, son dernier bien, que Louis XI guettait de ses yeux de rapace. Il habitait le palais comtal d'Aix, mais séjournait fréquemment à Marseille. Il avait une maison sur le quai, un jardin auprès de Saint-Victor et, dit-on, une bastide à Saint-Jérôme. Il pratiquait ses devoirs religieux, peignait, jouait de la viole. Souvent il se promenait, bonhomme, sur le port, et le peuple, qui aime la bonhomie, l'entourait. Il parlait à tous, donnait des conseils, des encouragements ; les pêcheurs étaient ses amis et lui installaient des viviers dans son jardin de Saint-Victor. (A. Bouyala d'Arnaud, *Évocation du Vieux Marseille*, Éditions de Minuit.)

Gros Souper

Traditionnellement, le Gros Souper n'est composé que de plats maigres : morue en *raito*, muge aux olives, carde et cardons, petits-gris (escargots), céleri poivrade, épinards avec des œufs durs, salade sauvage... Le menu variait selon les régions, sur la côte on y ajoutait des coquillages et des crustacés, dans les Alpes, des ravioles, dans le Var, des *crouisse* sorte de crozets farcis. Enfin, les treize desserts dont la liste varie mais qui comporte toujours : du nougat noir et blanc, les mendiants ou *pachichoi* figues séchées, noix, noisettes, amandes, raisins secs, dattes, des fruits de saison, pommes, poires, oranges, clémentines, jujubes, des confiserie, calissons d'Aix, fruits confits, pâte de coing, marrons glacés... Et la pompe à l'huile que l'on trempe dans le vin cuit.

Décembre

Lundi 20

Saint Abraham - Saint Théophile

Mardi 21

Hiver - Saint Pierre Canisius

Mercredi 22

Sainte Françoise-Xavière

Jeudi 23

Saint Armand

Vendredi 24

Sainte Adèle

Samedi 25

Noël - Saint Emmanuel

Dimanche 26

Saint Étienne

Décembre 2004 — Janvier 2005

Saint Sylvestre

Sant Sivèstre,
Se courreguèse pas,
Iè poudiè pas èstre !
Saint Sylvestre (31 décembre),
S'il ne courait pas,
Ne pourrait pas y être !

Bonne Année !

Bono Annado ! Bonne Année !
Bon bout d'an et è l'an qué ven !
Bon bout d'an et à l'année qui vient !
C'est le souhait formulé par les Provençaux le soir du 31 décembre.
Ou encore :
Bono Annado,
Bèn granado
E acoumpagnado de santa, bounur e pas !
Bonne Année,
Pleine de bonnes choses, de santé, de bonheur et de paix !

Date

2 janvier 1513 : institution de la Confrérie des gardians de Camargue.

Girafe

On a découvert il y a quelques années à Valréas, des ossements d'animaux remontant à environ dix millions d'années. Des squelettes d'hipparion (l'ancêtre du cheval), de tragoner (animal mi-cerf, mi-girafe) et de tortues géantes purent ainsi être reconstitués.

Verveine

Herbe sacrée, herbe aux sorciers, la verveine a été considéré de tous temps comme la plante magique, la plante guérit-tout. Au XVIe siècle Mathiole écrivait :"Les magiciens perdent leur sens et entendement à l'égard de cette herbe. Car ils disent que ceux qui s'en seraient frottés obtiendront tout ce qu'ils demanderont, ayant opinion que cette herbe guérit des fièvres et fait aimer la personne et, en somme, qu'elle guérit de toutes les maladies." C'est la verveine sauvage (dite officinale) qui possède les vertus les plus marquées, tonique, digestive, antinévralgique, fébrifuge. Hautes d'environ 40 à 50 cm, ses tiges sont quadrangulaires, ses feuilles opposées deux par deux découpées en lobes irréguliers, ses fleurs mauve pâle, petites, sont disposées au sommet des rameaux. Les Romains avaient dédiée la verveine à Vénus car ils pensaient qu'elle pouvait rallumer l'ardeur de l'amour. Ils en offraient aussi des bouquets porte-bonheur pour le nouvel an.

Décembre 2004　　　Janvier 2005

Lundi
27
Saint Jean l'Apôtre

Mardi
28
Saint Innocents - Saint Gaspard

Mercredi
29
Saint David

Jeudi
30
Saint Roger

Vendredi
31
Saint Sylvestre

Samedi
1
Jour de l'An - Sainte Marie

Dimanche
2
Saint Basile

Bibliographie

F. Benoît, *La Provence et le Comtat Venaissin*, Aubanel.

A. Bouyala d'Arnaud, *Évocation du Vieux Marseille*, Éditions de Minuit.

A. Bouyala d'Arnaud, *Évocation du Vieil Avignon*, Éditions de Minuit.

P. Échinard, *Marseille au quotidien*, Éditions Jeanne Laffitte.

Ch. Galtier, *Le Trésor des jeux provençaux*, Collection de culture provençale.

Ch. Galtier, *Météorologie populaire*, Horvath.

É. Gueidan, *Le Jardinier provençal*, Tacussel.

Abbé Papon, *Voyage de Provence*, 1787.

R. Bouvier, *Le Parler marseillais*, Éditions Jeanne Laffitte

C. Seignolle, *Le Folklore de la Provence*, Maisonneuve et Larose.

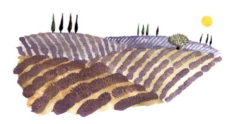

Éditions Jeanne Laffitte

G. Mihière et P. Binet, *Les Bastides marseillaises*

J. Dupuy-Harmelin, *Le Peuple de la mer*

Club Alpin Français, *Les Calanques de Marseille*

R. Bouvier, *Le Parler marseillais*

G. Mihière, *Les Arts de la table*

J. Agostini et Y. Forno, *Les Écrivains et Marseille*

V. Biaggi et J. Arnaud, *Poulpes, Seiches, Calmars. Mythes et gastronomie*

J.-N. Escudier, *La Véritable Cuisine provençale et niçoise*

M. Roubaud, *La Cuisine provençale et niçoise*

Calendrier
2005

JANVIER
L	M	M	J	V	S	D
					1	2
3	4	5	6	7	8	9
10	11	12	13	14	15	16
17	18	19	20	21	22	23
24	25	26	27	28	29	30
31						

FÉVRIER
L	M	M	J	V	S	D
	1	2	3	4	5	6
7	8	9	10	11	12	13
14	15	16	17	18	19	20
21	22	23	24	25	26	27
28						

MARS
L	M	M	J	V	S	D
	1	2	3	4	5	6
7	8	9	10	11	12	13
14	15	16	17	18	19	20
21	22	23	24	25	26	27
28	29	30	31			

AVRIL
L	M	M	J	V	S	D
				1	2	3
4	5	6	7	8	9	10
11	12	13	14	15	16	17
18	19	20	21	22	23	24
25	26	27	28	29	30	

MAI
L	M	M	J	V	S	D
						1
2	3	4	5	6	7	8
9	10	11	12	13	14	15
16	17	18	19	20	21	22
23	24	25	26	27	28	29
30	31					

JUIN
L	M	M	J	V	S	D
		1	2	3	4	5
6	7	8	9	10	11	12
13	14	15	16	17	18	19
20	21	22	23	24	25	26
27	28	29	30			

JUILLET
L	M	M	J	V	S	D
				1	2	3
4	5	6	7	8	9	10
11	12	13	14	15	16	17
18	19	20	21	22	23	24
25	26	27	28	29	30	31

AOÛT
L	M	M	J	V	S	D
1	2	3	4	5	6	7
8	9	10	11	12	13	14
15	16	17	18	19	20	21
22	23	24	25	26	27	28
29	30	31				

SEPTEMBRE
L	M	M	J	V	S	D
			1	2	3	4
5	6	7	8	9	10	11
12	13	14	15	16	17	18
19	20	21	22	23	24	25
26	27	28	29	30		

OCTOBRE
L	M	M	J	V	S	D
					1	2
3	4	5	6	7	8	9
10	11	12	13	14	15	16
17	18	19	20	21	22	23
24	25	26	27	28	29	30
31						

NOVEMBRE
L	M	M	J	V	S	D
	1	2	3	4	5	6
7	8	9	10	11	12	13
14	15	16	17	18	19	20
21	22	23	24	25	26	27
28	29	30				

DÉCEMBRE
L	M	M	J	V	S	D
			1	2	3	4
5	6	7	8	9	10	11
12	13	14	15	16	17	18
19	20	21	22	23	24	25
26	27	28	29	30	31	

Achevé d'imprimer en mai 2003
sur les presses de

HORIZON
GROUPE

Parc d'activités de la plaine de Jouques
200, avenue de Coulin
13420 Gémenos

N° d'imprimeur : 0305-054

ISBN : 2-86276-389-6

© Éditions Jeanne Laffitte, 2003
25, cours d'Estienne d'Orves 13001 Marseille